Andreas Bernhard

Wendepunkt. Meine Fragen an das Leben

Meiner geliebten Frau Julia

Meinen Eltern Peter und Marianne,
ihren neuen Ehepartnern Jaikan und Reinhard †
und meinem Bruder Marcus

Andreas Bernhard

Wendepunkt.

Meine Fragen an das Leben

Anregungen und Übungen
für eine positive Lebensbilanz

Kaufmann Verlag

Mehr Informationen zum Thema des Buches finden Sie auf der Homepage des Autors: www.wendepunkt-leben.de

Bibliografische Information Der Deutschen Bibliothek

Die Deutsche Bibliothek verzeichnet diese Publikation in der Deutschen Nationalbibliografie; detaillierte bibliografische Daten sind im Internet über http://dnb.ddb.de abrufbar.

1. Auflage 2006

Umschlaggestaltung: Stefan Heß und Rolf Zilling unter Verwendung eines Fotos
© Ulrich Schaffer
Hergestellt bei Freiburger Graphische Betriebe, Freiburg
ISBN 10: 3-7806-3025-7
ISBN 13: 978-3-7806-3025-4

Inhalt

Das Ende als Anfang der Wende

Führe dein Leben in einer Weise, wie du im Augenblick des Sterbens gewünscht haben wirst, gelebt zu haben.

Unbekannter tibetischer Mönch

Dieses Buch kann ein Wendepunkt auf Ihrem Lebensweg sein. Wenn Sie den Wunsch verspüren, einen Schlussstrich zu ziehen, einen Neuanfang zu wagen oder sich für Ihr weiteres Leben neu zu orientieren, werden die Ideen und Übungen dieses Buchs Sie zu neuen Erkenntnissen führen und zu beherzten Maßnahmen ermutigen. Ob Menschen am Anfang ihres Weges stehen, die Hälfte erreicht oder nur noch ein kurzes Stück zu gehen haben – in jeder Phase des Lebens kann aus Unzufriedenheit, nach Genesung von schwerer Krankheit oder anderen einschneidenden Erlebnissen das Bedürfnis nach einem Wendepunkt entstehen. Manchmal äußert sich dieses Gefühl entschlossen: „*So* kann es nicht weitergehen!“ Oder es stellt sich zögernd die Frage: „*Wie* kann es weitergehen?“

Dieses Buch will Sie anregen, innezuhalten und Ihren Weg zu einem Leben zu finden, von dem Sie erfüllt sind, weil Sie auf nichts Wesentliches verzichten. Zu einem Leben, das Sie gerne leben, weil Sie im Reinen mit sich sind.

Auf Ihrem Weg zu einem in Liebe und Freiheit gestalteten Leben werden Sie ein gewandeltes Verständnis der Vergänglichkeit gewinnen, weil sich Ihre Fähigkeit loszulassen, weiterentwickeln wird. Aus dem Frieden mit sich selbst und der wachsenden Erfüllung im Leben wird ganz natürlich die Bereitschaft entstehen, sich schließlich von Ihrem Leben abzuwenden, um sich Ihrem Ursprung, der Ursprung allen Lebens ist, von ganzem Herzen anzuvertrauen. Das Idealbild eines Menschen, der in diesem Sinne lebt, wäre jemand, der leichten Herzens von sich sagen kann: „Ich bin bereit, in jedem gegebenen Augenblick zu sterben.“ Nicht aus Überdruss oder Gleichgültigkeit, sondern aus Erfüllung und Dankbarkeit. Ein solcher Mensch lebt aus dem nur in der Gegenwart erfahrbaren Glück und sieht weit über den Horizont seines persönlichen Lebens hinaus. Ein solcher Mensch ist wie eine einzigartige Welle, die sich im Wechselspiel des wehenden Windes und der Schwerkraft aus der Oberfläche des Meeres heraushebt, ohne zu vergessen, dass sie zum Meer gehört. Und egal, wie mächtig die Woge sich aufbäumt, um sich von allen anderen zu unterscheiden, wird sie und will sie sich wieder im Meer verlieren.

Obwohl Sie mit diesem Buch sehr konkret Freude und Erfüllung im *Leben* gewinnen werden, nimmt es das *Sterben* als Ausgangspunkt. Die meisten Ratgeber zur Verbesserung der Lebensqualität blenden Tod und Vergänglichkeit aus, als dürfe man die Leser nicht erschrecken. Dadurch lassen sie sich den wirksamsten Ansatzpunkt entgehen: Wenn im Untergrund unseres Lebens die Angst vor dem Sterben so drohend rumort, sodass man nicht wagt, das Thema anzusprechen, ist es ein Leichtes, die Lebensqualität zu steigern, allein indem die Furcht vor Tod und Vergänglichkeit genommen wird.

So steht am Anfang des Weges, den zu gehen Sie dieses Buch einladen will, die Frage, die auch am Anfang der Entstehungsgeschichte dieses Buches stand: Was macht den Tod so Furcht erregend? Die Sorge, Wesentliches versäumt zu haben; die Angst, auf Unaufgeräumtes zu stoßen, wenn

Von welcher unnötigen Furcht kann ich mich zugunsten eines freudvolleren Lebens verabschieden?

es zu spät ist, es wieder ins Reine zu bringen; und zuletzt das Grauen vor dem Nichtsein!

Hospizmitarbeiter bestätigen, wie leidvoll der Sterbeprozess jener ist, die sich selbst zu viel vorenthalten haben und unerfüllt sind, und wie elend das Dahinscheiden von Menschen ist, die nicht im Reinen mit sich, ihrer Vergangenheit und den Weggefährten ihres Lebens sind. Nicht zuletzt bereitet das Sterben jenen Qualen, die keinen anderen Bezugspunkt in ihrem Leben hatten, als ihre Identität, ihre Persönlichkeit mit ihren Wünschen, ihrem Ehrgeiz und den Frustrationen. Anders gesagt, Menschen, deren Leben jegliches Bewusstsein einer transzendenten Dimension fehlte, die als Göttliches oder ganzheitliche Verbundenheit mit dem Leben erfahrbar ist.

Dieses Buch will keinen Trost spenden und keine Hoffnungen wecken. Stattdessen will es Sie ermutigen, den Tod nicht zu erleiden, als wäre er eine unvorhersehbare Katastrophe, sondern das Leben auf das Sterben hin zu gestalten. In einer Weise zu gestalten, die der Einmaligkeit Ihres Lebens gerecht wird, die Sie erfüllt, erfreut und Ihnen sogar einen Zugang eröffnet zur lebendigen Erfahrung des unvergänglichen Kerns Ihres Wesens. In einem solchen Leben bedarf es weder Trost noch Hoffnung. Weil Sie mit Freude am Tanz des Lebens teilnehmen werden und irgendwann, nachdem sie den Musikern noch zwei, drei Zugaben abgerungen haben, erschöpft und zufrieden sterben können. Sie können das Leben im Frieden hinter sich lassen, ganz so, wie man sich von einem Naturschauspiel berührt, abwendet – ergriffen, aber ohne den Wunsch des Ergreifens oder Festhaltens.

Die Anregung, Ihr Leben vom Moment des Sterbens aus zu betrachten, zieht ihre Kraft aus der Überzeugung, dass alles, was Menschen daran hindert, erfüllt und friedlich zu sterben, auch im Weg steht, das Leben zu lieben und zu akzeptieren. Diese

Hindernisse auszuräumen, wird Ihr Leben erfrischen, die Freude am Leben steigern und die glückliche Erfahrung des allgegenwärtig Göttlichen oder des wunderbaren, großen Ganzen des Lebens vertiefen.

Was kann Ich heute tun, um die Qualität meines restlichen Lebens – und meines Sterbemoments – zu verbessern?

Der Tod, sofern wir ihn nicht verdrängen, schenkt uns Gegenwärtigkeit. Jeder durch Krankheit oder Alter dem Tod Geweihte weiß die Gegenwart als das Kostbarste zu schätzen. Wenn Sie sich von den Anregungen dieses Buches führen lassen, werden Sie sich ein Glück schenken, aus dem heraus Sie authentisch sagen können: „Ich bin bereit, in jedem gegebenen Moment zu sterben." Denn sobald Sie in der Gegenwart jenes Glück erleben, das Seligkeit genannt zu werden würdig ist, spielt es keine Rolle, wie lange die Gegenwart dauert. In einer glücklichen Gegenwart wird die Zeitlichkeit aufgehoben und in dieser Aufhebung öffnen sich die Pforten zur Ewigkeit, einer Ewigkeit, die nicht als unendliche Zeit, sondern als Zeitlosigkeit zu verstehen ist.

Am Anfang Ihres Weges zu dieser möglichen Erfahrung werden Sie sich darüber klar werden, in welcher Verfassung Sie sterben möchten. Aus dieser zunächst abstrakten Vorstellung ergeben sich ganz selbstverständlich Maßnahmen, die zu ergreifen erforderlich sind, um Ihr Leben als einen vollkommenen Bogen zu gestalten, dessen Schlussstein jener von Ihnen vorgestellte Sterbemoment ist.

An einem Wendepunkt ist es unverzichtbar, Bilanz zu ziehen. Zu selten bergen wir den Schatz unseres Lebens, indem wir uns bewusst darüber werden, wie reich unsere bisherige Zeit an glücklichen Erfahrungen, Begegnungen und Vollbrachtem ist. Sie können Ihr Leben feiern! Im Rückblick werden Sie auch den weniger schönen Seiten begegnen – und erfahren, wie Sie sich für einen Neuanfang von der Last dessen, was Sie bereuen, befreien können. Mit Blick auf die Zukunft beinhaltet diese Bilanz, sich zu erlauben, Wünsche, Werte und Ziele ins Leben zu bringen.

Schließlich werden Sie angeregt, Frieden mit der Vergänglichkeit zu schließen und über deren Schönheit, ihr Wunder und Mysterium zu staunen. Die tiefe Akzeptanz der Vergänglichkeit äußert sich in der Gelassenheit hinsichtlich des Sterbens, die zunimmt, je mehr Sie in sich selbst das Unvergängliche, das Unzerstörbare erkennen. Paradoxerweise geht dieser Erkenntnis eine Art des Sterbens voraus. In dem Sinne, dass die Welle die Überzeugung sterben lässt, ein von allen anderen getrenntes Individuum zu sein. So kann sie ihr ureigenstes Element erkennen, aus dem sie hervorging: das weite, endlose Meer. Die Glücklichsten sterben in dieser Weise lange, lange vor ihrem physischen Tod.

Die Entwicklung, die Sie mit dem Lesen dieses Buchs beginnen können, wird durch Übungen und Vorschläge gefördert, sofern Sie diese in die Tat umsetzen. Möglicherweise aber werden Veränderung und Wandel nicht allein durch die „Antworten" dieses Buchs bewirkt, sondern eher durch seine Fragestellungen, in deren Antworten Sie hinein leben. Obwohl uns Antworten, vor allem jene, die wir von anderen übernehmen, entmündigen, neigen wir dazu, den Antworten Vorrang zu geben.

Erkenntnisse jedoch reifen dadurch, Fragen wieder und wieder zu stellen, ohne bei der erstbesten Antwort stehen zu bleiben. Dadurch und aus Fragen, die bisher noch nicht gestellt wurden, ergeben sich Wachstum und Verwandlung. Vielleicht eröffnet sich Ihnen die Lösung eines alten Pro-

Wo habe ich mich bei der Lösung eines Problems verrannt, weil ich es stets aus demselben Blickwinkel betrachte?

blems, wenn Sie sich darin üben, die Frage nach der Lösung neu zu stellen – oder aber das Problem neu zu formulieren. Es gibt keine unlösbaren Probleme, sondern nur Beschreibungen, die die Lösung verschleiern, oder unüberlegte Fragestellungen.

Im Hinblick auf dieses Buch wird möglicherweise ein Thema, das für Sie dringlich ist, nicht in der Ausführlichkeit behandelt, die Sie sich wünschen. Probieren Sie dann einmal, die Fragen, die Ihnen durch den Kopf gehen, aufzuschreiben; formulieren Sie zusätzlich Fragen, die Sie noch nie gestellt haben – und dann erlauben Sie sich, selbst eine Antwort zu finden.

Vielleicht fühlen Sie sich durch dieses Buch bestärkt, sich in Ihrer Entwicklung unterstützen zu lassen – durch eine Therapie oder ein Coaching, oder durch ein ausgiebiges Gespräch mit anderen. Vertrauen Sie auch auf unvorhersehbare Unterstützung in Form von günstigen Gelegenheiten, Fügungen, unerwarteten Begegnungen und Einsichten. Sie schnappen zufällig eine passende Bemerkung in einem Gespräch auf, Sie lesen einen Artikel, der Sie weiterbringt, oder Sie bleiben beim Zappen bei einer Sendung hängen, die Sie zu inspirierenden Einsichten beflügelt.

Erlauben Sie den Anregungen dieses Buches, Ihren Blick auf das Leben zu verändern. Vielleicht sind manchmal unsere Bemühungen zur Veränderung fruchtlos, weil wir daran arbeiten, uns selbst zu ändern. Wie wäre es stattdessen, wenn sich die Welt um Sie herum verändert – weil Sie das Leben mit anderen Augen sehen? Im Gewahrsein der Vergänglichkeit zu leben und den Tod zu akzeptieren, verleiht dem Leben nicht nur Würde und Tiefe, sondern öffnet Seele, Herz und Sinne für die Schönheit und die Poesie des Lebens. Das Leben mit Blick auf die Vergänglichkeit zu gestalten, stärkt Achtsamkeit und lässt uns demütig werden, schenkt Mitgefühl und heitere Unbekümmertheit sowie die Entschlossenheit, die Gelegenheit des Lebens freudig anzupacken.

Stimmen Sie sich mit den folgenden Fragen ein, um zu erahnen, was Sie gewinnen können, wenn Sie sich auf diesen Entwicklungsprozess einlassen:

- Gibt es etwas, das Sie nicht erlebt haben, nicht zum Ausdruck gebracht oder erreicht haben, und würden es noch immer gerne tun? Was ist es? Und was werden Sie davon verwirklichen?
- Was könnte Ihren Seelenfrieden stören im Moment des Sterbens? Gibt es etwas, das Sie bedauern? Etwas, das Sie einem anderen angetan haben oder andere Ihnen angetan haben – und Sie haben es niemals geklärt? Was werden Sie dahingehend unternehmen?
- Haben Sie die Überzeugung, dass Ihr Leben etwas bewirkt hat oder bewirken wird? Falls ja, in welcher Weise und für wen? Und was davon soll über Ihr persönliches Leben hinauswachsen und vielleicht sogar ein Beitrag für kommende Generationen sein?
- Wie wünschen Sie sich, sollen nahe stehende Menschen nach Ihrem Leben über Sie denken? Was befürchten Sie, könnten diese Menschen über Sie denken? Und haben Sie eine Vorstellung, wie Sie die Sichtweise, die andere von Ihnen haben, wandeln können?

Die Ergebnisse und Erfahrungen, die Sie mit diesem Buch erreichen, hängen auch von Ihrem Engagement ab. Sie können sich zur Bestärkung und zur Markierung des Wendepunkts ein Versprechen geben: „Ich verspreche, beginnend mit dem Lesen dieses Buches, mit Neugierde, Freude und Entschlossenheit mein Leben frei zu gestalten und alles Wesentliche aus dem Weg zu räumen, das mich an einem erfüllten Leben und einem friedvollen Sterben hindert.“

Sie können sich von der Kompromisslosigkeit eines an einer tödlichen Krankheit leidenden Menschen inspirieren lassen. Menschen, die sich der Kürze des verbleibenden Lebens bewusst sind, sind meist auf kraftvolle Weise gradlinig. Da ist keine Toleranz für Nebensächlichkeiten. Sie gehen aufs Ganze: Ob es darum geht, das Leben auszukosten und lange Aufgeschobenes, fast Vergessenes, endlich zu erleben, oder darum, zu verzeihen und um Verzeihung zu bitten.

> ***Was toleriere ich unnötigerweise in meinem Leben, das einem erfüllten Leben im Wege steht?***

Betrachten Sie Lebensfreude und Erfüllung nicht erst als das Resultat Ihrer Lektüre, sondern genießen Sie von Anfang an. Betrachten Sie die Anregungen dieses Buchs als eine Art Spielanleitung. Jedes Spiel hat Regeln und das Vergnügen besteht darin, den Regeln zu folgen, zu entdecken, wohin die Spielzüge führen, um schließlich immer gewandter darin zu werden. Lassen Sie sich also überraschen, was Sie aus diesen Anregungen in Ihrem Leben erfahren, entdecken Sie, wie interessant Ihr Leben war, ist und sein wird, und erleben Sie neue, unvorhergesehene Wendungen.

Probieren Sie den spielerischen Umgang zum Abschluss dieser Einleitung anhand einiger Gedanken, die sich mit dem Phänomen des Wandels befassen. Fragen Sie nicht, ob sie richtig oder falsch sind, experimentieren Sie mit ihnen.

- Ziehen Sie in Betracht, dass in Ihrem Leben etwas möglich ist, das jenseits des gewohnten Rahmens liegt. Unabhängig von den Schlussfolgerungen, die Sie in der Vergangenheit aufgrund Ihrer Erfahrungen gezogen haben, ist etwas im Leben möglich, das Ihren Erfahrungshorizont übersteigt und sogar Ihre alten Schlussfolgerungen als Irrtum entlarven kann.

- Wandel vollzieht sich spontan und ist jederzeit möglich. Wenn ein Künstler eine Inspiration zu einem Werk empfängt, wenn ein Wissenschaftler zu einer neuen Erkenntnis gelangt, wenn ein Mensch plötzlich erlebt, wie er in einer zuvor unvorstellbaren Weise denkt oder handelt, dann geht diesem Moment eine Zeit der Vorbereitung voraus. Der Künstler verweilt in anregenden Gefühlen, der Wissenschaftler studiert Theorien und Phänomene, der Mensch wälzt ein bestimmtes Problem im Kopf. Aber unvorhersehbar, spontan und plötzlich tritt der Wandel ein.
- Das Medium unserer Erfahrung und Erinnerung ist „Sprachlichkeit". Damit ist nicht allein die Sprache in Worten, sondern auch in Bildern, Symbolen, Emotionen oder Körperempfindungen gemeint – alles, was als Gegenstand unseres Bewusstseins oder Unterbewusstseins dienen kann.
- Wir sind Ursache unserer Erfahrung – im Guten wie im Schlechten. Gewiss gibt es Ereignisse, auf die wir keinen Einfluss haben, aber *wie* wir diese Ereignisse in unsere persönliche Geschichte „niederschreiben", darauf können wir Einfluss nehmen. Wie sonst könnten Menschen, die unter gleichen Bedingungen groß werden, dennoch völlig konträre Lebensläufe entwickeln?
- Entsprechend führt nicht die Veränderung der Lebensumstände zu einem Wandel, sondern eine Veränderung der *Sicht* auf die gegenwärtigen Lebensumstände. Weiterhin ergibt sich Wandel aus einer aktiven Änderung der Art der „Niederschrift" von vergangenen oder gegenwärtigen Ereignissen in unsere Geschichte. Ins Buch des Lebens schreiben wir durch Taten – wir müssen Einsichten in Maßnahmen übersetzen.
- Die Richtung eines Wandels folgt unserer Aufmerksamkeit. Wenn wir neue Eigenschaften und Verhaltensweisen entwi-

ckeln wollen, dann fördern wir den Prozess des Wandels durch den Fokus unserer Beobachtung des eigenen Lebens. Wenn wir diesen auf Situationen richten, in denen es uns glückte – und sei es nur geringfügig –, die neue Eigenschaft oder Verhaltensweise zum Ausdruck zu bringen, gehen uns diese mit der Zeit in Fleisch und Blut über.

- Wie hoch eine Welle sich erhebt – irgendwann stürzt sie zurück ins Meer. So wie alles natürlicherweise zum Ursprung zurückkehren wird, will der Ursprung des Lebens sich uns offenbaren, um erkannt zu sein.

Beinahe unsterblich: die Identität

Wenn es Ihr Anliegen ist, ein erfülltes Leben in Freude zu gestalten, sollten Sie als Erstes den stärksten Gegenspieler im Prozess des Wandels kennen lernen: Ihre Identität.

Die Ihre Lebendigkeit lähmenden Auswirkungen der Identität können Sie überall dort aufspüren, wo Ihnen Ihr Leben gewöhnlich vorkommt, wo es als Tretmühle auftaucht, wo Resignation vorherrscht, weil Sie glauben, bereits alles über sich und Ihr Leben zu wissen.

Andere Effekte der Identität wirken, wenn Sie zu einer Bitte „Ja“ sagen, obwohl Sie „Nein“ meinen. Wenn Sie getrieben sind, alles perfekt zu machen bis zur Erschöpfung, selbst dann, wenn es nicht auf 100-prozentige Erledigung ankommt. Oder sind Sie jemand, der selbst die schönsten Vorhaben verschiebt auf „eines Tages“? Oder kennen Sie den Trieb, immer Recht behalten zu müssen oder wenigstens von Menschen umgeben zu sein, die Ihnen Recht geben? Oder ist Ihnen das Gefühl vertraut, Veränderungen zu erwarten – ohne vom Sofa aufstehen zu müssen?

Oder kennen Sie die nie erfüllte Erwartung, dass es „dann“ besser sein wird: Wenn ich mit der Schule fertig bin, dann fängt das „richtige“ Leben an. Aber kaum ist der Schulabschluss in der Tasche, heißt es: Wenn ich erst einmal mit der Ausbildung fertig bin, beginne ich mit dem „wirklichen“ Leben. Wenn ich nur endlich verheiratet wäre, Kinder hätte, wenn die Kinder aus dem Haus wären, wenn ich nur endlich befördert würde, wenn ich erstmal in Rente bin … Und manche treiben das Spiel über den Tod hinaus: Das Leben nach dem Tod, das wird dann richtig gut.

Absurderweise kostet die Identität bzw. unser Festhalten an ihr eben jene Lebensqualität, die wir meinen durch sie gewinnen zu können. Die Identität ist jedoch ein sozialer Überlebensmechanismus, der ähnlich Instinkten bei Tieren nach dem Muster Reiz-Reaktion, also automatisch, abläuft. Vom Tier unterscheidet uns, dass wir im Heranwachsen unsere Identität selbst gestalten, gerade um uns als Individuum von der Masse der anderen abzuheben. Mit den Jahren vergessen wir, wie wir uns selbst zu dem machten, der wir heute sind. Obwohl die Identität durchaus auch unsere Stärken enthält, kann ihr Automatismus unser Leben beherrschen und uns so um Lebensfreude und Erfüllung bringen.

Was könnte ich aufgeben, sodass sich die Grenzen der Identität öffnen?

Sie kennen vermutlich die asiatische Affenfalle: Eine an einem Pfahl befestigte Kokosnuss mit einer kleinen Öffnung enthält Reis. Die Hand des Affen ist schlank genug, um durch die Öffnung an den Reis zu kommen. Die Faust jedoch, mit der er den Reis festhält, ist zu groß – der Affe ist gefangen, weil er den Reis nicht loslassen will. In unserem Festhalten an unserer Identität sind wir sogar noch törichter als der Affe. Der Affe immerhin hält Reis in seiner Hand, wir jedoch klammern uns an ein illusionäres Konstrukt aus Überzeugungen, Wahrnehmungen und Empfindungen, das im eigentlichen Wesen leer ist. Und obwohl uns das Festhalten an unserer Identität schadet, empfinden wir es als „freie Selbstentfaltung".

Wohlgemerkt: Weder Reis noch Identität sind „schädlich", das Festhalten daran kostet uns Lebensqualität und Freiheit.

Da wir als Identität unsere Erfahrungen „persönlich" nehmen, entgeht uns eine existenzielle Pointe des Lebens: Weder der Tod ist ein „persönliches Schicksal" – denn er betrifft jeden und hat es nicht auf uns persönlich abgesehen –, noch ist das Leben „persönlich" gemeint. Wie sonst hätte Tschechow behaupten können: „Alles, was ich über die menschliche Natur weiß, habe ich von mir selbst gelernt." Anders gesagt, hinter der unendlichen Vielfalt menschlicher Charaktere verbirgt sich ein allgemeiner Entwurf des Menschseins, der unsere persönliche Erfahrung des Lebens dominiert.

Nehmen Sie für den Moment dieses Bild der Identität als Metapher auf, nicht als „psychologische Wahrheit", es soll im Rahmen des Vorhabens, erfüllt zu leben, im Reinen mit sich zu sein und letztlich gelassen und friedvoll zu sterben, als Brücke dienen. Um den Metaphercharakter zu unterstreichen, sprechen wir im Folgenden nicht von „Identität", sondern von „Rolle". Eine Rolle, so wie sie Schauspieler auf Bühne und Leinwand darstellen. Es gehört zum Wesen der Rolle, Verstellung zu sein.

Wie oft verstelle ich mich und welchen Preis bezahle ich dafür?

Manchmal sind wir uns dessen bewusst, wenn wir uns verstellen, weil es die Situation, der Anstand oder die soziale Funktion, die wir übernommen haben, erfordert. Geläufig ist die Formulierung, „eine Maske" zu tragen – bekanntlich geht der Begriff „Person" auf die im griechischen Theater verwendeten Masken, durch die die Stimme des Schauspielers hindurchtönte (lat. *personare*) zurück. Aber im Rahmen dieser Übungen sollten wir die Möglichkeit erwägen, dass die Verstellung unserer Identität allumfassend ist: Vielleicht spielen wir selbst dann, wenn wir das Gefühl haben „ganz wir selbst zu sein", auch nur eine Rolle – nämlich die eines Menschen, der „ganz er selbst ist".

Bereits im Barock verwendeten einige Dichter und Dramatiker das Theater als Bild für das Leben, um Vergänglichkeit und Nichtigkeit des Lebens vor Augen zu führen. Jedoch im

Unterschied zum Schauspieler, der seine Rolle beherrscht, bringt uns die Rolle um unser Leben, weil wir von der Rolle beherrscht werden.

Denken Sie nur an die Beispiele zu Beginn dieses Kapitels. Vergegenwärtigen Sie sich, wie oft wir uns vornehmen, etwas in Zukunft nicht mehr zu tun, und schon im nächsten Moment – schwups! – haben wir es wieder getan. Wie oft haben wir andere verletzt oder ins Unrecht gesetzt – entgegen unserem tiefsten Herzenswunsch?

Die Rolle bemächtigt sich unser. Und weil sie uns mit dem Empfinden ausstattet, eine autonome Person zu sein, die tun darf was sie will, verteidigen wir unser „Gefängnis“, als wäre es eine Bastion der Freiheit.

Betrachten Sie versuchsweise Gefühle, Körperempfindungen, Gedanken, einfach alles, was wir als das erleben, was „uns“ ausmacht, als einen Ohrwurm. Eine solche Melodie, die uns unaufhörlich durch den Kopf geht, kann gerade dann besonders lästig sein, wenn die Melodie überhaupt nicht zu unserer Stimmung passt. Je mehr wir versuchen, uns davon frei zu machen, umso lauter spielt die Musik. Oder fällt es Ihnen leicht, sich anders zu fühlen, als sie sich fühlen? Oder können Sie an etwas anderes denken, als an das, woran Sie denken – selbst, wenn Sie denken, dass das, woran Sie denken, überhaupt nicht hilfreich für Sie ist?

Könnte es sein, dass wir alle in Trance durchs Leben laufen? So wie es Show-Hypnotiseuren gelingt, Menschen dazu zu bringen, sich auf der Bühne zu benehmen, als wären sie ein Huhn, oder einen Mann zu überzeugen, er wäre eine Frau. Oder noch radikaler: Wir leben jeden Tag mit der Überzeugung, „wir selbst“ zu sein, wie ein Wahnsinniger, der glaubt Napoleon zu sein.

Diese Trance bietet ausreichend Freude, sodass kaum Gefahr besteht, aus ihr erwachen zu wollen; aber mindestens im gleichen Maße sind wir automatischen Reaktionen unterworfen, die Leid bringend sind.

Außer einem gewissen Maß an Freude kennt die Rolle noch weitere Selbstschutzmechanismen, mit denen sie ihr Fortbestehen sichert. Sie hält an leidvollen vergangenen Erfahrungen fest, um uns zu suggerieren, wir könnten nicht anders sein, als wir sind – und müssten auch so bleiben. Ab und zu gewinnen wir durch unsere Identität auch einen persönlichen Vorteil – gleichzeitig nährt sie damit unsere Überzeugung, ein Individuum, ein von anderen getrenntes Wesen zu sein.

Und das Lebensfreude zehrende Patentrezept der Rolle heißt: Mehr von dem, was wir haben, wird die Lösung bringen. Nicht nur ein Mehr an Gütern, sondern auch an Eigenschaften – mehr Selbstvertrauen, mehr Gelassenheit, mehr Mut. Doch dieses „Mehr“ kettet uns nur noch „mehr“ an die Vergangenheit, an die Person, die wir bereits waren: Entweder wollen wir mehr von dem, was wir früher schon gerne hatten; oder wir streben danach, endlich etwas zu bekommen, das uns auch früher schon gefehlt hat. Es läuft auf das Gleiche hinaus: Wir drehen uns im Kreis. Obwohl Veränderungen als Variationen von Vergangenem Abwechslung zu bringen scheinen, verschleiern sie, wie sehr eigentlich alles beim Alten bleibt. So kann kein Neuanfang gelingen.

Wie oft habe ich „mehr von etwas" bekommen – und es war dennoch nicht wirklich befriedigend?

Die Rolle nährt die Überzeugung, nicht gut genug zu sein, dass etwas nicht stimmt mit uns oder den anderen, oder dass es anders sein sollte, als es ist, ohne eine genaue Vorstellung, was eigentlich anders sein sollte – die Rolle treibt uns hinter Zielen her, wie ein der Karotte hinterhertrottender Esel. Und da jeder für sich selbst ausreichend Erfahrungen gesammelt hat, die als Belege dafür genommen werden können, es stimme wirklich etwas nicht oder man sei nicht gut genug, fällt es schwer, aus der Trance zu erwachen. Es ist, als liefen wir durchs Leben mit einer gelb getönten Brille, die wir uns sehr früh selbst aufgesetzt haben, aber vergaßen, dass wir sie uns aufgesetzt haben. Und weil schon so lange alles gelb ist, muss wohl alles auch wirklich gelb sein. Sollte uns dann das Leben einen Brief in gelber Tinte auf weißem Papier schreiben, sehen wir nur ein gelbes Blatt, die Botschaft jedoch wird durch die Brille gefiltert und unsichtbar. Auf diese Weise versäumen wir, von der Rolle verwendet, etliche Gelegenheiten im Leben.

Vor allem versäumen wir die Empfindung der Verbundenheit mit der Gesamtheit des Lebens. Wohl gibt es Momente, in denen sich die Verstrickung der Rolle lichtet und die selige Erfahrung der Verbundenheit mit dem Transzendenten möglich wird. Die Rolle, um ihr Überleben bemüht, bleibt unbeeindruckt und flüstert uns zu: „Das will ich noch einmal erleben, mehr davon!“ Wir bemühen uns, diese Erfahrung zu wiederholen. Und je mehr wir tun, umso mehr geben wir der Rolle erneuten Auftrieb. Denn diese Erfahrungen eröffnen sich uns weniger durch Tun als durch Lassen.

Dieses Lassen oder Loslassen ist es, wohin die Metapher der Rolle uns führen will. Vertrauter mit der Rolle zu werden, wird uns schließlich befähigen, uns im Lassen zu üben, sodass wir das Leben, so wie wir es kennen, sei es durch Wandel oder im Sterben, ohne Anhaftung lassen können. Wenn wir die Rolle nicht gar zu persönlich nehmen, können wir sie abstreifen, so wie ein Schmetterling den verdorrten Panzer der Puppe, die er einmal war, hinter sich lässt.

Die Rolle ist nicht „gut“ oder „schlecht“. Diese Unterscheidung existiert nur innerhalb der Rolle, genauso wie die Überzeugung, von anderen getrennt zu sein. Die Rolle ist, was sie ist – und wir brauchen sie zur Orientierung in der Welt. Aber wir können Freiheit mit der Rolle gewinnen, folgen wir Viktor Frankls Einsicht: „In der Zeit zwischen Reiz und Reaktion liegt unsere menschliche Größe, unsere Macht und unsere Freiheit.“

Wie kann ich die Zeit zwischen Reiz und Reaktion ausdehnen, um Freiheit für Besonnenheit zu gewinnen?

Dieses Zeitintervall auszudehnen, erweitert unsere schöpferischen Möglichkeiten: Vom Rumpelstilzchen zu Merlin – von Reaktion zu Kreation. Wir sind jedoch darauf dressiert, auf eine Situation sofort antworten zu müssen. Wir glauben sogar, „spontane“ Antworten wären authentischer. Tatsächlich vermeiden wir manchmal mit „Spontaneität“ nur die Mühe wirklichen Nachdenkens. Anstatt mechanisch auf eine Situation zu reagieren, könnten wir berechtigterweise auch erwidern: „Ich weiß im Moment nicht, was ich dazu sagen soll – darüber möchte ich nachdenken!“

Je mehr Freiheit von Reaktionen Sie gewinnen, umso höher die Wahrscheinlichkeit, einen authentischen Wandel zu erfahren. Und zwar einen Wandel, der ungeahnte Möglichkeiten eröffnet, wie infolge eines wissenschaftlichen Durchbruchs. Hätte Newton am Weltbild seiner Zeit festgehalten, wäre die industrielle Revolution unmöglich gewesen; und Einstein hätte keine bahnbrechenden Erkenntnisse gewonnen, wäre er bei Newton stehen geblieben.

Wenn Sie im Folgenden eingeladen sind, Rückschau zu halten, aufzuräumen, Leid zu lindern, Ihre Werte, Ihren Sinn zu finden und Ziele und Wünsche zu erfüllen, bewirken Sie damit Erfüllung in einem Leben, mit dem Sie im Reinen sind. Gleichzeitig lernen Sie das Wirken der Rolle kennen, Sie entdecken, wie Sie sich durch die Weise, wie Sie Ihre Vergangenheit erinnern, überzeugen, tatsächlich die oder der zu sein und sein zu müssen, der oder die Sie zu sein glauben. Ganz so, wie ein Schauspieler eine Rolle studiert und sich dabei nicht auf das Textstudium beschränkt. Ein guter Schauspieler macht sich auch Gedanken darüber, wie die Kindheit der Person gewesen sein mag, die er spielen soll, welche Niederlagen und welche Triumphe sie erlebte. Je profunder diese Überlegungen sind, umso lebendiger werden die Zuschauer seine Rolle erleben.

Sie werden Freiheit mit der Rolle gewinnen, je weniger sie mit ihr verstrickt sind. Vor allem, wenn Sie sich von erlittenem Leid lösen, auch wenn die Rolle noch so sehr beteuert: „Aber es war doch wirklich schlimm – und daher kannst du eben vom Leben nicht erwarten, dass ..."

Den größten Gefallen aber werden Sie sich selbst tun, wenn Sie in wesentlichen Punkten mit sich und anderen ins Reine kommen, Unaufgeräumtes anpacken und für Sie Unangemessenes nicht mehr tolerieren. So kündigen Sie der Rolle die „Loyalität", Sie brechen aus der „Verschwörung" aus und befreien sich von der „Co-Abhängigkeit".

Das ist nicht immer so einfach, wie wir es uns wünschen würden. Die Rolle ist gut einstudiert, und daher erscheinen uns neue Eigenschaften oder Verhaltensweisen „unstimmig". Rollen müssen „plausibel" und „stimmig" sein, damit sie überzeugen. Im Film wird auf diese Stimmigkeit penibel geachtet. Ein Revolverheld vom Kaliber eines Cowboys wie John Wayne oder eines „Dirty Harry" weint nicht – das passt nicht zusammen. Ebenso wie es sich für einen Mann noch Mitte des 20. Jahrhunderts nicht gehörte,

Wie oft habe ich mir etwas vorenthalten, weil ich dachte, es passt nicht zu mir?

überhaupt Gefühle zu zeigen. Und erst seit kurzem können Frauen berufliche Selbstverwirklichung und Familie verbinden, ohne befürchten zu müssen, dafür verurteilt zu werden. Stellen Sie sich darauf ein, sich in diesem Sinne „unstimmig" zu fühlen, wenn Sie aufhören, der „Regie" Ihrer Rolle zu folgen. Auf irgendeine Weise müssen Sie „aus der Rolle tanzen", wenn Sie einen nachhaltigen Wandel einleiten wollen.

Wenn Sie damit beginnen wollen, sich aus der Verstrickung mit Ihrer Rolle zu lösen, achten Sie auf Situationen, die Sie als Wiederholung wahrnehmen. Fragen Sie sich dann: „Was habe ich jetzt möglicherweise übersehen, weil ich in meiner Rolle glaubte, schon alles zu kennen."

Je mehr es Ihnen gelingt, die Anhaftung und Verstrickung mit der Rolle zu lösen, wächst die Wahrscheinlichkeit, sich selbst vergessen zu können. In der Rolle können wir Spaß erleben, der ist allerdings nur ein fader Abglanz des Glücks, der Ekstase oder Seligkeit, die wir erleben, wenn wir vergessen haben, wer wir sind, und unmittelbar in der Gegenwart aufgehen. Je weniger wir mit der Rolle verstrickt sind, umso fester können wir auf die Wiederkehr solcher Momente vertrauen, sodass wir sie nicht festhalten müssen, als wären diese überwältigenden Erfahrungen wie eine Hand voll Wasser, die wir bange, etwas davon zu verschütten, durch die dürre Wüste unseres Alltags tragen.

Bekannte Unbekannte

Der Geist ist von strahlender Klarheit erfüllt!
Darum werft die Dunkelheit eurer alten Begriffe fort.
Befreit euch von allem!
Huang-Po

Unsere Vorstellungen und Überzeugungen beeinflussen unsere Wahrnehmung und unser Erleben. Die Urteile, die wir im Laufe unseres Lebens fällen und die den Charakter unserer Rolle prägen, sind auch Urteile im Sinne eines Richterspruchs: Wir sind verurteilt, unser Leben gemäß unserer Urteile zu erleben. Vor allem deshalb, weil die meisten nicht darin geübt sind, ihrer eigenen Urteile und Vorannahmen bewusst zu werden, geschweige denn sie zu hinterfragen.

Inwiefern könnte gerade das, wovon ich ganz selbstverständlich überzeugt bin, Aberglaube und Selbsttäuschung sein?

Wenn wir in manchen Bereichen unseres Lebens von unseren Annahmen bestimmt werden, ist es im Hinblick auf das Anliegen, die Beziehung zum Sterben zu wandeln, wertvoll, die Vorstellungen vom Tod zu untersuchen. Dies ist keine „philosophische“ Untersuchung: Wenn Sie berücksichtigen, dass die Zukunft, der wir entgegensehen, einen tief greifenden Einfluss auf die Gegenwart hat – ein Gedanke, den wir später vertiefen werden –, dann prägt unser Wissen über den in der Zukunft wartenden Tod bewusst oder unbewusst unser Erleben des Lebens, unsere Wünsche und unser Verhalten.

Die folgenden Fragen wollen als Einstieg zum Nachdenken über den Tod anregen. Erlauben Sie den Fragen, Sie zu eigenen, ganz neuen Fragen und Gedanken zu führen:

- Können Sie sich daran erinnern, wann Sie zum ersten Mal über den Tod nachdachten? Und können Sie sich noch erinnern, welche Schlussfolgerungen Sie daraus für sich zogen?
- Welche Gespräche über den Tod hörten Sie, als Sie ein Kind waren? Was haben Sie von Vater, Mutter, Großeltern, Verwandten oder Freunden über den Tod gelernt? Was lernten Sie im Kindergarten, in der Schule oder in der Universität? Was erfuhren Sie von der Kirche? Wie wurde Ihnen das Antlitz des Todes vorgestellt? Was haben Sie durch Bücher oder durch Dokumentationen über den Tod gelernt? Was haben Ihre Vorbilder über den Tod gesagt?
- Welche Bedeutung hat es für Sie, dass Sie sterben werden?
- Was denken Sie über den Tod – und wie oft denken Sie an den Tod? Welche Auswirkungen haben Ihre Vorstellungen vom Tod auf Ihre Lebensführung und -planung?
- Haben Sie eine Vorstellung, was nach dem Tod kommen wird? Wenn ja, wie könnte es aussehen? Was befürchten Sie beim Sterben? Worauf sind Sie vielleicht sogar gespannt?
- Was ist Ihnen am wichtigsten bei der Vorbereitung auf den Tod? Haben Sie eine Vorstellung, wie einmal Ihre Beerdigung gestaltet sein soll? Sprechen Sie mit Ihrer Familie darüber?

Schreiben Sie Ihre Gedanken auf, um beim Nachdenken nicht abzuschweifen. Es widerstrebt unserer Identität, konzentriert über die eigene Vergänglichkeit zu kontemplieren.

Nachdem Sie sich eine Weile mit Ihren vertrauten Gedanken über den Tod befasst haben, erlauben Sie sich versuchsweise, Ihre Gedanken, alles Wissen, alle Vorstellungen vom Tod über Bord zu werfen. Sollten Sie diese später vermissen, können Sie sie am geistigen Rettungsring immer noch an Deck zurückholen.

Als Unterstützung beim Loslassen von vertrauten Todesvorstellungen überlegen Sie Folgendes: Die Todesvorstellungen, die Sie als Kind im Familienkreis kennen lernten, haben vielleicht nur den Anschein von „Wahrheit", weil sie das Erste waren, was Sie in Ihrem Leben zu diesem Thema hörten. Wenn Sie später von Pfarrern, Priestern (oder anderen religiösen Leitfiguren) oder aus Büchern Wissen zum Tod sammelten, könnte deren Autorität Sie dazu verleitet haben, deren Ansichten unhinterfragt zu übernehmen. Sie können prüfen, ob ein Gedanke über den Tod Ihrem eigenen Verständnis entspricht oder nur blind übernommen wurde: Sprechen Sie den Gedanken laut aus und fügen Sie dann hinzu: „Dies ist mein eigener Gedanke" bzw. „Dies ist ein Gedanke eines anderen/einer anderen." Fühlen Sie, welcher der beiden Sätze mit größerer Resonanz in Ihnen nachklingt.

Ob nun von Familie oder Autoritäten – letztlich stammt alles Wissen über Tod und Ewigkeit von Lebenden. Auch die großen Religionsstifter lebten, als sie vom Tod sprachen.

Also, nur für einen Moment, einfach um sich vom Einfluss der vertrauten Vorstellungen des Todes zu lösen, nehmen Sie doch mal an, nur Sie selbst könnten sich das Wesen des Todes offenbaren. Fragen Sie sich, als hätten Sie noch nie darüber nachgedacht, als hätten Sie noch nie etwas darüber gehört:

> Was könnte der Tod sein?
> Was könnte der Tod für uns eröffnen?
> Was wäre unmöglich, wenn wir nicht sterben würden?

Erlauben Sie sich weiter und weiter nachzudenken und zu spekulieren. Nicht, um am Ende die endgültige Antwort zu finden, sondern um die alten, toten Begriffe vom Tod zu verwerfen, und eine persönliche, frische Vorstellung zu gewinnen. Berücksichtigen Sie auch Vorstellungen von Tod und Ewigkeit, mit denen Sie sich bisher nicht anfreunden konnten, weil sie nicht „stimmig" zu Ihrer Rolle passten.

Wenn Sie unbewussten Inspirationen Gehör schenken wollen, beantworten Sie die drei Fragen handschriftlich, indem Sie die Antworten mit der nicht-dominanten Hand (also bei Rechtshändern die linke Hand) aufschreiben. Die nicht-dominante Hand ist mit den intuitiven Bereichen des Gehirns verbunden. Nutzen Sie diese Methode auch dann, wenn Sie Fragen beschäftigen oder Sorgen quälen, auf die Sie zunächst keine Antwort haben.

Wenden Sie sich nun dem Leben zu. Lassen Sie folgende Fragen in Ihrem Geist und Herzen kreisen, gleiten Sie wie ein Adler durch Ihr Leben: Mal in höchster Höhe fliegend, um den umfassendsten Überblick zu gewinnen, um gleich darauf in die Tiefe zu stürzen, sodass ein wichtiges Detail in klaren Konturen in Ihrem Blickfeld auftaucht.

- Was denken Sie über das Leben insgesamt? Ist es gut, ist es schlecht, ist es Kampf, ist es Lernen, ist es Geben und Nehmen? Welche Empfindungen und Überzeugungen haben Sie aus Ihrem bisherigen Leben gewonnen? Sind es Ihre eigenen Empfindungen und Überzeugungen oder stammen sie von anderen, aus dem Familienkreis, den Eltern, aus dem kulturellen oder religiösen Umfeld? Woher wissen Sie, dass Ihr Gefühl Sie nicht täuscht?
- Fallen Ihnen vorwiegend entmutigende Überzeugungen ein? Wenn ja, fragen Sie sich, warum das so ist. Und denken Sie sich mindestens zwei ermunternde Überzeugungen aus.
- Welches waren bisher Ihre glücklichsten Momente im Leben? Haben Sie versucht, diese zu wiederholen – und hatten Sie Erfolg damit? Welches Glück haben Sie noch nicht erlebt? Und

aus welchem Grund? Kann es sein, dass Sie inzwischen fähig sind, diesen Grund auszuräumen?
- Welches waren die schlimmsten Momente in Ihrem Leben? Und falls Sie sie überwunden haben, wie haben Sie sie gemeistert? Haben Sie versucht, eine Wiederholung zu verhindern – und ist es Ihnen gelungen?
- Wen lieben oder liebten Sie in Ihrem Leben – und von wem werden oder wurden Sie geliebt? Wie haben Sie deren Leben bereichert und wie wurde Ihres reich durch diese Liebe? Was haben Sie gemeinsam erlebt?
- Was in Ihrem Leben lieben Sie – und wie oft folgen oder folgten Sie dieser Liebe?
- Welche Menschen haben Sie gehasst oder von welchen Menschen wurden Sie gehasst? Woher kam dieser Hass? Und ist er vielleicht über die Jahre geschwunden?
- Was denken Sie über sich selbst? Wie sind Sie – im Guten und im Schlechten? Und wie kommen Sie zu dieser Einschätzung? Gibt es vielleicht Menschen, die Sie ganz anders sehen, auch wenn Sie ihnen das nicht glauben?
- Was denken Sie, können Sie in Ihrem Leben noch erwarten? Wie könnten Sie Ihre Erwartungen vielleicht übertreffen?
- Was ist Ihnen im Leben wirklich wichtig? Welche Werte, welche Erlebnisse oder Aktivitäten? Und in welchem Maße leben Sie gemäß Ihren Werten, Absichten und Zielen? Was ist dabei unterstützend, was ist hinderlich?
- Hatten Sie schon einmal den Gedanken, dass wir – ganz gleich wie viel mehr wir vom Leben haben, gleich wie viel besser es uns gehen mag – an eine Grenze stoßen, dass „mehr“ von etwas nicht „mehr“ an Erfüllung bedeutet? Und haben Sie vielleicht eine Vorstellung, was, wenn nicht „mehr“ desselben, zu einer unbekannten Tiefe der Erfüllung führen könnte?

Wisse nichts – und vermöge alles!

Der Leitspruch der klassischen Rosenkreuzer „Nihil scire – omnia posse“ (Wisse nichts – vermöge alles) drückt die Freiheit aus, die sich uns eröffnet, wenn wir uns von den einschränkenden Urteilen „freisprechen“. Wissen dient uns, um uns in der Welt zu orientieren. Aber genauso schränkt es unsere Wahrnehmungsfähigkeit ein und somit die Fähigkeit, günstige Gelegenheiten „wahrzunehmen“.

Meist entzieht sich die Diktatur des Wissens dem Bewusstsein, weil es äußerst schwer ist, selbst zu bemerken, wenn wir etwas nicht bemerkt haben. Manchmal, wir nennen es dann „verpasste Gelegenheit“, wird uns klar, wie wir wegen auf der Basis vergangener Erfahrungen gezogenen Schlussfolgerungen eine Situation falsch eingeschätzt haben und die Gunst der Stunde völlig verkannten.

Die einschränkenden Auswirkungen der aufgrund unserer Lebenserfahrung gezogenen Schlussfolgerungen sind spürbar, wenn unser Lebensgefühl mehr bestimmt ist von Gewöhnlichkeit oder Resignation als von Freude, Neugier und Engagement.

Unsere Identität neigt dazu, an einmal getroffenen Entscheidungen und Überzeugungen über uns selbst, andere oder das Leben insgesamt festzuhalten, als wären es wissenschaftlich bewiesene Gesetze. Wenn Sie den Einfluss einer Überzeugung lockern wollen, betrachten Sie diese versuchsweise als „bislang nicht entlarvten Irrtum“. So wie es ein folgenschwerer, auf einem Rechenfehler basierender Irrtum war, anzunehmen, Spinat sei besonders eisenhaltig. Generationen von Kindern mussten sich mit diesem für viele unappetitlichen Brei quälen lassen.

Wo in meinem Leben sitze ich einem Irrtum auf, vermeide aber, ihn als solchen zu erkennen?

Wir neigen dazu, mit derselben Gewissheit, mit der wir sagen „2 + 2 = 4“, zu behaupten: „Das Leben ist …“, „Ich bin eben so-undso“, „Männer sind …“, „Frauen sind …“ Da Überzeugungen die Neigung haben, sich selbst zu bestätigen, finden wir jederzeit Situationen zur Genüge oder Erfahrungen, die als Beweis dienen, dass es „wirklich“ so ist. Und wenn wir doch einmal „Ausnahmen“ erleben, dann eben Ausnahmen, die die Regel bestätigen.

Genauso gut könnte man triumphieren und sagen: „Heureka, ich bin gerade dabei, einen Irrtum zu entlarven.“ Dem aber steht das Stimmigkeitsprinzip der Rolle entgegen: Du darfst dir selbst nicht widersprechen! Nehmen wir an, ein Mensch geht mit der Überzeugung durchs Leben, er tauge zu nichts. Mit Sicherheit ließen sich auch in dessen Biografie Situationen finden, in denen er sehr wohl etwas taugte. Sofern dieser Mensch sich überhaupt an solche Situationen erinnern könnte, er würde sie als Zufall bezeichnen oder ihren Wert herunterspielen.

Sie können den Einfluss von bisher nicht entlarvten Irrtümern, Ihren Überzeugungen, mildern, indem Sie Aussagen über sich, andere oder das Leben durch ein anderes Satzgefüge ausdrücken. Anstatt zu sagen „etwas oder jemand ist soundso“, könnten Sie auch sagen: „Manchmal ist es so und manchmal ist es so – jetzt *scheint* es so zu sein.“ Wasser ist manchmal flüssig, manchmal fest und manchmal verdampft es in der Luft.

Das Vorhergehende lässt sich in folgender Aussage zusammenfassen: Alle Verallgemeinerungen (vor allem, wenn sie Sie selbst, andere oder das Leben betreffen) sind falsch. Jeder Satz, der mit „Ich bin immer …“, „Die anderen sind so …“, „Das Leben ist …“ beginnt, ist falsch. Probieren Sie es aus: Das nächste Mal, wenn Sie über ein eigenes verallgemeinerndes Urteil über sich selbst, andere oder das Leben stolpern, finden Sie etwas, das dieser

Verallgemeinerung widerspricht. Wenn Sie glauben, das Leben sei nicht fair, finden Sie eine Situation, in der Sie fair behandelt wurden.

Üben Sie sich also darin, starre Überzeugungen, die hart wie ein alter Ast geworden sind, auf diese Weise biegsamer zu machen. In einem biegsamen Ast kann der Saft des Lebens wieder fließen und neue Zweige wachsen lassen, an denen Blüten sprießen, die Sie noch nie gesehen haben, und auf denen Vögel Nester bauen, deren Gesang Sie noch nicht gehört haben. Halten Sie also Ihre Augen und Ohren offen, während Sie weiter Ihren Weg durch diese Übungen gehen.

Wann war ich das letzte Mal neugierig – auf mich selbst, andere, mein Leben, ein neues Gebiet?

Vorschau auf den letzten Film

Im Moment des Abschieds von diesem Leben beginnt die Rückschau auf das vergangene Leben. Menschen, die eine Nahtoderfahrung überstanden haben, berichten von einem Film, der, vom Moment des Sterbens bis zur Geburt, das Leben in wesentlichen Zügen zeigt. Manche erlebten diesen Film nicht als außenstehender Beobachter, sondern als Beteiligter, der sein Leben noch einmal erlebt. Im Unterschied zum normalen Erleben werden nicht nur die eigenen Gedanken und Gefühle wahrgenommen, sondern auch die Gefühle und Gedanken anderer, die durch die eigenen ausgelöst wurden. Andere beschreiben die Rückschau als Auswertung des vergangenen Lebens, wobei die Beurteilung nicht nach den Maßstäben von „gut“ und „böse“ oder „richtig“ und „falsch“ erfolgt, sondern nach dem Grad der vorhandenen Liebe und nach der zugrunde liegenden Absicht.

Bei dem Gedanken an eine derartig umfassende Bilanz empfinden manche vielleicht Unbehagen – und die einfachste Strategie wäre, schnell den Gedanken daran wieder zu vergessen. Sie lässt uns nicht kalt, und darin zeigt sich die erlösende Kraft der Rückschau als Etappe auf dem Weg zu einem erfüllten Leben, das mit einem friedvollen Sterben abgeschlossen wird: Ein erfülltes Leben mit Unbehagen ist ein Widerspruch.

Bedenken Sie auch – mit einer gehörigen Portion Mitgefühl für sich selbst, mit Ihrem zukünftigen Selbst, dass es Ihnen vielleicht in Ihrer gegenwärtigen Verfassung leicht fällt, sich trotz manchem Ungelösten durchs Leben zu lavieren. Was aber, wenn

Wie oft reiche ich dem Menschen, der ich in Zukunft sein werde, die Hand – im Bewusstsein, heute das Morgen zu erschaffen?

die Persönlichkeitsstrukturen, Ihr Ego, durch den nahenden Tod geschwächt sind? Das bevorstehende Sterben wird eine der größten Kräfte zehrenden Auseinandersetzungen des gesamten Lebens sein. Dann werden die Deiche zusammenbrechen und die Seele wird von vergangenem Ungelösten überflutet.

Ziehen Sie besser schon heute Bilanz. Die Rückschau wird das nagende Unbehagen beseitigen und auch dadurch erleichternd wirken, dass Sie das Ungelöste in Ihrem Leben, das jetzt vielleicht noch im Keller Ihres Bewusstseins gelagert ist, zutage und damit der Lösung näher bringen – das wäre ein Beitrag zur Freude Ihres gegenwärtigen Lebens und zum Frieden Ihres letzten Augenblicks.

Sie werden aber auch mit Staunen und Dankbarkeit den Reichtum und die Fülle Ihrer Möglichkeiten entdecken können. Da in unserer Aufmerksamkeit der heutige Tag im Vordergrund steht, wir meist mit aktuellen oder bevorstehenden Anforderungen umgehen müssen, entzieht sich unserem Bewusstsein, welche vielfältigen Verwandlungen wir durchlebt haben, welche Fähigkeiten wir erworben haben, wie viel Schönheit wir genießen durften.

Ohne eine umfassende Rückschau wird weiterhin unser Blick auf das Leben durch die Brille unserer Rolle gefiltert. Das Bild, das wir von uns selbst gewonnen haben, deckt sich selten mit dem Wesen, das wir tatsächlich sind. Entweder halten wir uns für besser als wir sind oder wir schätzen uns unverhältnismäßig klein und gering ein. Wohin Sie tendieren, liegt in Ihrer Identität begründet. Menschen, die sich minderwertig fühlen, sind meist fähiger und liebenswerter, als sie selbst glauben. Menschen, die nur die erfolgreichen Aspekte wahrnehmen, verkennen nicht nur ihre Schattenseiten, sondern blenden durch den Fokus auf einige bewährte gute Eigenschaften andere, nicht weniger gute Qualitäten aus.

Liebe und Wahrheit heilen

Der Rückblick wird umso erfüllender und befriedigender, wenn Sie sich Ihrem Leben mit dem Blick eines Künstlers zuwenden. Ein Blick, dem nichts Menschliches fremd ist, der nachfühlend und nicht urteilend die Welt betrachtet. Hilfreich bei der Rückschau ist auch Neugierde auf das eigene Leben. Stellen Sie sich vor, Sie erzählen einem Unbekannten Ihr Leben. Oder stellen Sie sich vor, Sie lernen Ihr Leben wie das eines bisher Unbekannten kennen. Und wenn Sie sich im Loslassen üben wollen, schauen Sie zurück mit der Haltung des Abschiednehmens.

Heilsam wird Ihre Rückschau, wenn Sie sich selbst gegenüber wahrhaftig sind. Die Wahrheit über das eigene Leben zu sagen, ist oft der größte Teil der Heilung und Integration. Die Macht und der Einfluss vergangener Erfahrungen schwinden oft in dem Maße, in dem wir uns selbst gegenüber ehrlich sind.

Wo in meinem Leben bin ich mir selbst gegenüber unaufrichtig?

Weiterhin werden Sie sich die Freiheit für neue Möglichkeiten und Erfahrungen schenken, wenn Sie beim Rückblick folgende Frage im Hinterkopf behalten: Welche Schlussfolgerungen habe ich aus der damaligen Erfahrung gezogen, die möglicherweise jetzt meine Wahrnehmung beeinträchtigen?

Lebendige Erinnerungen

Aktivieren Sie Ihr Erinnerungsvermögen, indem Sie sich Fotos aus vergangenen Tagen ansehen und Titelbilder von Illustrierten, Buch- und Plattencover oder andere Bilddokumente aus Film,

Fernsehen oder Zeitungen betrachten. Hierbei können Ihnen Bildchroniken oder das Internet hilfreich sein.

Hören Sie Hits, die in Kindheit und Jugend in den Charts waren. Erinnern Sie sich auch an die Stimmen von Verwandten und Freunden. Stellen Sie sich die verschiedenen Wohnungen vor, in denen Sie lebten. Wie sahen Ihre Schule, Ihr Ausbildungsplatz, Ihre verschiedenen Arbeitsplätze aus?

Ihrem Bemühen, sich zu erinnern, könnten sich Widerstände entgegenstellen: Wir wollen nicht zurückschauen, weil uns so Alter oder Vergänglichkeit bewusst wird. Wir wollen nicht wahrhaben, dass wir nicht immer „die gute Person" waren, die wir gerne sein wollen. Oder wir fürchten, Schmerz und Trauer zu begegnen.

Wenn Ihnen Widerstände begegnen – nehmen Sie sie wahr, akzeptieren Sie sie, und arbeiten Sie weiter. Bemühen Sie sich nicht, zu erinnern, woran Sie sich im Moment nicht erinnern können. Vertiefen Sie stattdessen die Erinnerungen, die Sie haben – und vermutlich werden dann weitere Erinnerungen folgen. Und vergessen Sie nicht: Es gibt sehr viele angenehme Erinnerungen, an die Sie sich im Moment nicht erinnern, und die darauf warten, wieder entdeckt zu werden.

Ein spielerischer und kreativer Weg, die Rückschau zu gestalten, ist das Erstellen einer eigenen Autobiografie. Wenn Sie die Idee reizt, können Sie Jahr für Jahr Ihres Lebens mit Fotos illustrieren und wichtige Ereignisse, Einschnitte, Freundschaften, Glücksmomente notieren.

Für die Meisten wird dieser Weg jedoch zu aufwendig sein. Als Unterstützung, Ihr bisheriges Leben möglichst umfassend zu erforschen, dienen daher Gruppen von Themen – die Sie natürlich auch als Inspiration nutzen können, wenn Sie eine Autobiografie erstellen wollen. Nutzen Sie die Themen als Anregung; die Liste ist sicher nicht vollständig, dazu sind Lebensläufe zu verschieden.

Sie müssen die Themen nicht vollständig bearbeiten, um mit der Lektüre fortzufahren. Aber die Themen einfach nur durchzulesen und dann weiterzublättern, wird nicht ausreichen. Denn schließlich ergibt sich aus Ihren Notizen das Arbeitsmaterial für kommende Übungen. Wie so oft ist der Mittelweg der richtige – finden Sie zu den Themen einige Erinnerungen und greifen Sie von Zeit zu Zeit auf sie zurück. Vielleicht unterstützt es Sie, wenn Sie sich die Themen in einem Heft notieren und ausreichend Platz für nachfolgende Erinnerungen lassen.

Notieren Sie auch die Jahreszahl des betreffenden Ereignisses. Bei manchen Themen – etwa wichtige Werte – ist es sinnvoll, zu notieren, seit wann Ihnen dieser Wert wichtig ist oder in welchem Zeitraum er Ihnen wichtig war.

Die Themen sind in Blöcke unterteilt und mit den Titeln jener Kapitel überschrieben, in denen Anregungen zur Bearbeitung dessen, was Sie zu den Themen notieren, enthalten sind.

Fast eine Autobiografie

Themen zu: Das Leben feiern/Ermutigungen

1. Wofür ich meinen Eltern danke
2. Wofür ich meinen Kindern danke
3. Wofür ich dem Leben danke
4. Wofür ich Gott danke
5. Wofür ich mir selbst danke
6. Wunder, die ich im Laufe des Lebens erlebte

7. Wertvolle Geschenke (materielle und immaterielle), die ich erhalten habe/die ich verschenkt habe
8. Städte, in denen ich lebte (und Wohnungen)
9. Meine liebsten Formen des Vergnügens (früher und heute)
10. Meine intensivsten spirituellen Erfahrungen
11. Wofür ich mich selbst liebe, schätze, bewundere
12. Chancen, die ich genutzt habe (wie kam es dazu, was hat mir erlaubt, die Chance zu erkennen, was musste ich ggf. überwinden)
13. Die schönsten, poetischsten, romantischsten, zauberhaftesten Momente
14. Was ich durch Freunde, Kinder, Eltern lernte
15. Wie mich andere unterstützten
16. Schlüsselereignisse in meinem Leben (Geburt eines Geschwisters, erster Schultag etc.) und wie sich das Leben dadurch wandelte
17. Die wichtigsten Freundschaften
18. Die Liebesbeziehungen, die ich hatte

Themen zu: Lösungen

1. Wiederkehrende, hemmende Muster
2. Meine schlimmsten Erfahrungen und die „Lehre", die ich daraus gezogen habe
3. Eigenschaften, Überzeugungen, Ziele, die ich von Eltern, Geschwistern, Verwandten, Bekannten, Freunden oder der Gesellschaft übernommen habe, die aber genau besehen nicht meine sind
4. Gravierende Ereignisse in der Familie (bis zur Urgroßelterngeneration), „Familiengeheimnisse", die mich mög-

licherweise, obwohl ich unbeteiligt bin, beeinflussen könnten

5. Krankheiten, die ich hatte
6. Krankheiten, die meine Eltern oder Großeltern hatten, für die ich möglicherweise auch eine Anlage besitze
7. Gelegenheiten, die ich verpasst habe (was, wann, was hielt mich zurück, was hätte sein können)
8. Was andere nicht über mich wissen sollen (und inwiefern mich die Geheimnistuerei in meiner Lebensfreude und Zukunftsplanung einschränkt)
9. Was ich selbst nicht über mich wissen will (und wie es meine Lebendigkeit einschränkt)
10. Was ich bedauere, getan zu haben (und wie die Folgen daraus meine Lebendigkeit einschränkten)
11. Was ich meinen Eltern vorwerfe
12. Was mich an meinen Kindern stört – und ich kann es nicht akzeptieren
13. Meine häufigsten oder schwerwiegendsten Beschwerden über mich selbst, andere oder das Leben insgesamt
14. Die Überzeugungen/Einstellungen, die mich am meisten einschränken
15. Meine größten Ängste und Befürchtungen (aufgrund welcher Erfahrungen entstanden sie, welche Beweise sammle ich noch heute dafür und wie sehr schränken sie mich ein (bzw. wovor schützen sie mich)
16. Was mich in schlaflosen Nächten beschäftigt
17. Wenn etwas schief läuft – was denke ich als Erstes über mich?
18. Was ich mir selbst noch nicht vergeben habe
19. Was ich anderen noch nicht vergeben habe
20. Wofür ich um Vergebung bitten muss

Themen zu: Der Sinn des Lebens/Zeit der Erfüllung

1. Zehn Dinge, die ich für mich/andere täte, wenn ich 10 Millionen Euro hätte
2. Drei globale Konflikte/Probleme, die ich lösen würde, hätte ich die Macht dazu
3. Die wichtigsten Helden (tatsächliche oder fiktive Personen)
4. Die schlimmsten Schurken (tatsächliche oder fiktive Personen)
5. Meine größten Wünsche/Träume/Ziele
6. Meine besten Eigenschaften; Stärken, auf die ich mich jederzeit verlassen kann
7. Gelegenheiten, die ich verpasst habe (verdeckte Ziele)
8. Etwas, das mich begeisterte oder interessierte, das ich aber nie gelebt oder getan habe
9. Womit ich nicht zufrieden bin
10. Was ich aufgeschoben habe (unangenehme Tätigkeiten)
11. Was ich aufgeschoben habe, aber gerne getan oder erlebt hätte
12. Freunde, die mir wichtig sind/waren und deren Werte – wichtige gemeinsame Erlebnisse
13. Meine eigenen wichtigsten Werte
14. Was ich unbedingt noch aufräumen will oder muss
15. Was ich anderen unbedingt sagen will
16. Was ich von anderen unbedingt noch wissen will
17. Was ich angefangen habe, aber nicht vollendete – und was noch möglich und den Einsatz wert wäre, es zu vollenden

Themen zu: Ermutigungen

1. Als ich etwas zum ersten Mal machte (was, wann, wie lange tat ich es daraufhin)
2. Als ich etwas zum letzten Mal machte (was, wann, wie lange hatte ich es bis dahin getan)
3. Wichtige Stationen der Ausbildung/des Lernens (auch Selbststudium oder praktische Erfahrung)
4. Die zehn wichtigsten Fähigkeiten (fachliche und menschliche) und wann und wie ich sie erworben habe
5. Wichtige Erfolge oder Ergebnisse (beruflich oder persönlich), die ich erreicht habe (und was ich überwinden musste)
6. Stärken, die ich weiter entwickeln könnte
7. Etwas, das mich begeistert oder interessiert und ich habe es geliebt (und die Erfahrungen/Fähigkeiten, die ich daraus gewann)
8. Meine wichtigsten Überzeugungen/Einstellungen, die eine Quelle von Inspiration und Kraft sind
9. Wie ich andere unterstützte

Notieren Sie weiterhin alles Denkwürdige, Wichtige, Folgenreiche – im Guten wie im Schlechten – das in keinem der Themen angesprochen wurde.

Das Leben feiern, wie es war

Definition eines geglückten Lebens

Oft und vielmals lachen;
bei intelligenten Menschen Respekt gewinnen
und bei Kindern Zuneigung;
die Wertschätzung aufrichtiger Kritiker verdienen
und den Betrug falscher Freunde ertragen;
Schönheit zu schätzen, das Beste in anderen finden;
die Welt ein wenig besser hinterlassen,
entweder durch ein gesundes Kind,
einen schönen Garten oder verbesserter sozialer Bedingungen,
im Wissen, dass mindestens eine Menschenseele aufgeatmet hat,
weil du gelebt hast.

Ralph Waldo Emerson

Wenn Menschen sterben, ohne jemals wirklich sich selbst begegnet zu sein, ist das wohl das Traurigste, das man sich vorstellen kann. Manche sind von Alltagsroutine oder Resignation eingelullt oder von ihren Ambitionen angetrieben und versäumen, in Berührung damit zu kommen, wie außergewöhnlich sie waren. Andere leiden unter dem weit verbreiteten Abwertungsmechanismus, von dem aus betrachtet nichts im Leben jemals gut genug erscheinen wird und noch der kleinste Makel zu einer grauenvollen Verfehlung verzerrt wird.

Da kann als rasche „Ersthilfe" Emersons kleiner Text über ein geglücktes Leben dienen. Wenn Sie Emersons Aufzählung durchgehen, werden Sie feststellen, wie sehr Sie in den meisten oder gar allen Punkten ein geglücktes Leben leben. Wessen Abwertungsmechanismus besonders stark ausgeprägt ist, der wird denken, es sei ja nichts dabei – alles nur Kleinigkeiten. Nicht nur für diese, für jeden wird als nächster Schritt hilfreich sein, sich von den familiären, kulturellen und gesellschaftlichen Vorstellungen frei zu machen, die als Maßstab dienen. Denn der Werdegang jeder und jedes Einzelnen von uns ist zu einzigartig, als dass ein allgemeines Maß auf alle angewandt werden könnte. Deshalb auch die bekannte Empfehlung, keinen Menschen zu verurteilen, in dessen Schuhen man selbst nicht gestanden hat.

Lassen Sie sich für einen Moment von dieser Idee leiten und lassen Sie sich berühren von der Erfahrung des ganz eigenen, besonderen Geschöpfes, das Sie sind. Ein Schauspieler hat das Wunderbare jedes noch so gewöhnlichen Menschen so beschrieben: „Das Leben jedes Menschen über 40 ist wert, verfilmt zu werden. Weil es so erfüllt ist von besonderen Begegnungen, Schicksalsschlägen, eigentümlichen Wendepunkten – eben voll von dem Material, aus dem gute Geschichten sind."

Die Art und Weise, wie Sie die Welt sehen, ist einzigartig. Kein anderer Mensch kann das Universum aus der Perspektive betrachten, von der aus Sie es betrachten. Sie und Ihre Sicht sind einzigartig und unvergleichbar. Sie wurden, wer Sie sind, durch die besonderen Umstände Ihrer Geburt, die Menschen, die Sie erzogen und ausbildeten. Die Menschen, die Sie als Freunde auswählten, machen Sie einzigartig. Ihre Vorlieben und Abneigungen, Ihre Fähigkeiten und Ihre Träume. Die Art wie Sie fühlen, die Musik, die Sie begeistert und Ihre Seele beflügelt, die Romane, die Sie rühren, die Filme, die Sie spannend finden, die Weise, in der Sie sich selbst zum Ausdruck bringen, die Art, wie Sie Dankbarkeit zeigen, die Werte und

Bei welchem meiner Idole beraube ich mich durch die Bewunderung um das Erleben meiner Einzigartigkeit?

Ziele, die Sie aufrechterhalten, und auch Ihre Macken, Verfehlungen und Geheimnisse – all dies ist Ihr ganz eigener Selbstausdruck.

Gehen wir einen Schritt weiter mit einem Gedankenexperiment. Es ist wohl wahr, die Gelegenheiten, bei denen ein Mensch für sein Wirken in der Welt anerkannt wird, sind selten – im Zweifelsfall wird irgendjemandem ein Preis oder ein Orden verliehen. Aber ziehen Sie auch die Möglichkeit eines unbewussten Wirkens in Betracht. Menschen bewirken etwas, ohne jemals zu erfahren, was es war und auf welche Weise sie beigetragen haben.

Stellen Sie sich eine Kellnerin vor, die mit Vergnügen ihre Gäste bedient. Stellen Sie sich weiterhin vor, einer der Gäste ist ein Unternehmer, der eine Entscheidung zu fällen hat, bei der es um hundert Arbeitsplätze geht. Durch die vergnügte Kellnerin könnte sich die Stimmung des Unternehmers ändern, sodass dieser heiterer und freundlicher wird, woraufhin ihm eine Lösung einfällt, die zur Rettung der Arbeitsplätze beiträgt. Die Kellnerin wird niemals davon erfahren und keiner wird ihr dazu gratulieren. Sie selbst werden nie erfahren, ob Sie in der Vergangenheit in dieser Weise schon etwas bewirkt haben. Aber möglicherweise fallen Ihnen Beispiele aus Ihrem eigenen Leben ein, bei denen der unbewusste Beitrag eines anderen Ihnen in dieser Weise weitergeholfen hat.

Wenn nicht zu dieser Idee, so werden Ihnen voraussichtlich Beispiele zu folgenden Fragen einfallen, die sich auf Ihren aktiven Beitrag beziehen:

1. Wer würde Sie anrufen, wenn sie/er in Schwierigkeiten wäre? Und als Sie in der Vergangenheit jemand um Unterstützung bat, wie und wem konnten Sie beitragen?

2. Für wen würden Sie ein Opfer bringen? Und wann in der Vergangenheit haben Sie dies bereits getan?
3. Wer würde Sie vermissen, wenn es Sie nicht gäbe? Und warum würde man Sie vermissen?

Beginnen Sie sich bewusst zu werden, in welchem Maße Ihr Dasein zählt. Nicht immer wird die Unterstützung, die andere durch Sie erfahren haben, in einer besonders dramatischen Weise erfolgt sein – berücksichtigen Sie auch Situationen, die nicht das Ausmaß eines Notfalls hatten.

Wie kann ich sicherstellen, jederzeit einen liebevollen Gedanken über mich und mein Leben parat zu haben?

Um das Erleben der Wertschätzung, Freude und Anerkennung Ihres bisherigen Lebens zu vertiefen, können Sie zunächst Ihre Notizen zu den Themen im vorhergehenden Kapitel durchlesen. Gehen Sie mit diesen und den folgenden Fragen nicht leichtfertig um. Die Anregung, sich vergangener Leistungen, Höhepunkte, schöner oder gar wunderbarer Erfahrungen bewusst zu werden, hat eine tiefere Absicht, als nur „Datenmaterial" zusammenzutragen.

Menschen neigen dazu, eher negative Erfahrungen zu erinnern. Das ist eine evolutionsgeschichtlich sinnvolle Überlebensfunktion, um sich vergangener Gefahren zu erinnern. Umso mehr aktiven Einsatzes bedarf es, sich der hellen, freudvollen, stärkenden Momente zu besinnen. Was Sie entdecken werden, soll als ermutigender Rückhalt dienen, wenn es später darum geht, Wünsche und Ziele zu formulieren. Noch wesentlicher jedoch ist der heilsame Effekt, den das freudige und dankbare Erinnern und Wiedererleben vergangenen Glücks hat. Wie Sie später noch ausführlicher erfahren werden, entfalten sich Vorstellungen von

Vergangenheit und Zukunft in unserem Geist in Abhängigkeit von unseren gegenwärtigen Gefühlen. Und wenn Sie in der Lage sind, sich an Glück und Schönheit mindestens so gut zu erinnern wie an Niederlagen und Rückschläge, haben Sie einen zuverlässigen Zugang, um in sich freudvolle Gefühle zu wecken.

Die folgenden Fragen werden Ihnen ermöglichen, mit erweitertem Fokus auf Ihr Leben zu blicken, um möglichst umfassend die stärkenden und beglückenden Momente in Erinnerung zu bringen:

1. Welche herausragenden oder außergewöhnlichen Leistungen (auch Preise, Auszeichnungen, Zeugnisse, Titel, Beförderungen) haben Sie vollbracht?
2. Wen haben Sie auf welche Weise unterstützt?
3. Welche wichtigen befreienden Einsichten und Erkenntnisse hatten Sie?
4. Welche Wunder haben Sie erlebt?
5. Welche Hindernisse haben Sie überwunden, wo haben Sie Mut bewiesen?
6. Was haben Sie in Ihrem bisherigen Leben geliebt?
7. Was lieben Sie in Ihrem gegenwärtigen Leben?
8. Welche Weggefährten haben Sie begleitet und wie haben Sie einander bereichert?

Stärken Sie Ihre Verbindung zu diesen freudvollen und glücklichen Erfahrungen, indem Sie entweder eine Collage anfertigen, die den Reichtum Ihres Lebens symbolisiert, oder schreiben Sie einen kurzen Text – ein Gedicht über die Schönheit des Lebens, einen Song oder ein Dankgebet. Wenn Sie eigene Ideen haben, wie Sie diese bestärkenden Erfahrungen in Ihrem Leben verankern können – nur zu. Vielleicht haben Sie auch Lust, das

Leben nicht nur für sich zu feiern, sondern auch gemeinsam mit anderen: Veranstalten Sie eine Themenparty „Das Leben feiern", zu der jeder ein Bild oder eine Anekdote über die Lebensfreude mitbringt.

Wenn Sie den durch die Rolle gesetzten Rahmen sprengen wollen, feiern Sie nicht nur das Leben im Allgemeinen, sondern erkennen Sie sich und andere ganz spezifisch an. Weit mehr als Kritik birgt Anerkennung das Potenzial persönlicher Entwicklung: Anstatt eine unerwünschte Verhaltensweise oder Eigenschaft zu kritisieren, ist es wirksamer, erwünschte Verhaltensweisen oder Eigenschaften anzuerkennen, um diese zu stärken.

Zukunftsweisend wird Anerkennung vor allem dann, wenn Sie nicht nur ein Ergebnis anerkennen, sondern auch die Eigenschaft oder die Qualität, die dazu führte, das Ergebnis zu erreichen. Damit stärken Sie diese Eigenschaft oder Qualität für zukünftige Vorhaben.

Andere anzuerkennen ist im Übrigen eine kluge Form des Eigennutzes: Wenn Sie Ihr Umfeld stärken, stärken Sie sich selbst. Besonders dann, wenn Sie etwas anerkennen, worauf Sie neidisch sind, etwas, das Sie selbst gerne hätten. Mit Anerkennung überwinden Sie jene durch die Rolle gesetzte Grenze: Neid vertieft die Illusion des Getrenntseins von anderen – denn fühlten wir uns mit allen verbunden, dann könnten wir uns über das Leben anderer so freuen, als wäre es unseres.

Erkennen Sie andere an, anstatt neidisch zu sein, und erzeugen Sie so eine Resonanz in Ihrem eigenen Leben für das, was Sie anerkennen. Je öfter Sie diese Form der Anerkennung wiederholen, umso größer wird

> ***Wen möchte ich als nächstes mit dem kostenlosen Geschenk meiner Anerkennung glücklich machen?***

der Raum, den wir in unserem Leben für das Eintreten oder die Verwirklichung des Anerkannten öffnen.

Gewiss ist die kraftvollste Form der Anerkennung, diese gegenüber der anderen Person aussprechen. Viele werden vermutlich etwas Scheu haben und als ersten Schritt vorziehen, die Anerkennung erst ausführlich aufzuschreiben. Vielleicht entsteht daraus ganz natürlich der Wunsch, dem anderen die Anerkennung zukommen zu lassen. Es muss ja nicht gleich in einem Gespräch sein – Sie können auch einen Brief schreiben.

Erlauben Sie sich, berührt und beglückt zu sein von dem Menschen, der Sie sind und waren, und von Ihren Weggefährten. Das Leben wird schön durch erreichte Ziele, Leistungen oder Besitz. Erfüllend wird es durch die geglückte Begegnung eines Menschen mit einem anderen – und mit sich selbst.

Was wäre, wenn … es noch nicht zu spät ist

Keiner hat je auf seinem Totenbett gejammert und gewünscht, er hätte mehr Zeit im Büro verbracht.

Gail Sheehy

Was wäre, wenn Sie heute sterben müssten? Wie sähe das Resümee Ihres Lebens aus? Schön wäre es, wenn jeder von sich sagen könnte „I did it my way" oder „Non, je ne regrette rien" – ein idealisierendes Hitparaden-Fazit des Lebens, in dem das Leben, so wie es war, mit allen Fehltritten und Höhepunkten, bejaht wird.

Aber es gibt auch Texte wie jenen von Nadine Stair, den sie in hohem Alter mit großem Bedauern verfasste:

Augenblicke

Wenn ich mein Leben noch einmal leben könnte, würde ich das nächste Mal versuchen, mehr Fehler zu machen, ich würde versuchen, nicht so perfekt zu sein, ich würde mich mehr entspannen, ich würde mehr Unsinn als je zuvor machen, ich würde weniger Dinge so ernst nehmen, ich wäre nicht so wählerisch. Würde mehr Risiken eingehen und mehr Reisen unternehmen, mehr Abende mit Kontemplation verbringen, würde mehr Berge besteigen und mehr Flüsse durchschwimmen, ich würde zu mehr Orten gehen, an denen ich zuvor nicht war, würde mehr Eiskreme und weniger Bohnen essen. Ich würde mehr echte Probleme und weniger eingebildete haben. Ich war in jeder Minute meines Lebens vernünftig und penibel.

Und natürlich hatte ich meine Augenblicke des Glücks. Aber wenn ich die Uhr zurückdrehen könnte, würde ich versuchen, nur die guten Augenblicke zu haben und nicht wertvolle Zeit zu verschwenden.

(..) Wenn ich nur ein weiteres Leben vor mir hätte. Aber, wissen Sie, ich bin 85 Jahre alt, und ich weiß, dass ich sterben werde.“

Überlegen Sie, in welche Richtung Sie tendieren – eher zu „My Way“ oder zu „Augenblicke“? Die spontane Selbsteinschätzung hängt sicher nicht nur von Ihrer gegenwärtigen Stimmung ab, sondern auch von Ihrem Charakter, je nachdem, ob Ihre Rolle eher als „Sonnenschein“ ausgelegt ist oder als „Trauerkloß“. Einen authentischeren Eindruck gewinnen Sie, wenn Sie sich auf ein Gedankenexperiment einlassen. Sie können diese Übung auch im Rahmen einer Entspannungsübung durchführen, gewissermaßen als Tagtraum.

Unternehmen Sie eine kleine Zeitreise in die Zukunft – stellen Sie sich vor, Sie liegen im Sterben auf Ihrem Totenbett. Stellen Sie sich weiterhin vor, dass Sie sich zwischen heute und dem Moment Ihres Sterbens nicht verändert haben. Sie haben also bis zum Sterben hin weitergelebt wie bisher. Wenn Ihnen bisher etwas im Wege stand, das Leben voll zu leben, z.B. Schüchternheit oder eine Last aus der Vergangenheit, dann hätten Sie auch in der Zeit bis zu Ihrem Sterben auf alles verzichten müssen, was Ihnen dadurch verwehrt würde. Auch jemand, der seine Energie in das Streben nach beruflichem Erfolg oder der Jagd nach „Vergnügungen“ investiert, würde eine Menge versäumen.

Erlauben Sie sich in dieser Zeitreise all das Unerfüllte und Ungelebte aufzuspüren – und dann schreiben Sie Ihren eigenen Text „Augenblicke“. Wenn Sie jetzt im Sterben lägen, welchen

Verzicht würden Sie bedauern, was wäre nicht erlebt, erfüllt oder ausgedrückt, weil Sie sich nicht geändert haben?

Betrachten Sie die Empfindungen, Gedanken und den Text, den Sie schreiben, als eine Flaschenpost aus der Zukunft, die Ihr mitfühlendes zukünftiges Selbst an Ihr gegenwärtiges Selbst schickt, mit der Einladung, sich zu wandeln.

Haben Sie den Mut, sich diesen Gefühlen zu stellen, ohne gleich alles mit einem Trostpflaster zu überkleben – etwa: „Naja, noch ist es ja nicht soweit, ich habe ja noch ein paar Jahre, noch besteht Hoffnung!"

Trost und Hoffnung sind angesichts der dringenden Angelegenheit des Lebens und Sterbens unangemessen. Die Hoffnung stirbt zuletzt, heißt es, also stirbt sie nach Ihnen. Hoffnung lindert das Leid in einer ausweglosen Situation, aber sie bewirkt nichts. Hoffnung ist die letzte Maßnahme im Aussichtslosen.

Bestärken Sie sich besser darin, mutig der Wahrheit ins Auge zu sehen. Seien Sie lieber heute vor den Kopf gestoßen und aufgewühlt, als auf dem Sterbebett – wenn es für einen Wandel zu spät ist.

Wann erlaube ich mir, das Leben nach meinen Vorstellungen zu gestalten?

Die folgenden Fragen können Sie nutzen, um die Erkenntnisse der Übung zu präzisieren und um Ansatzpunkte für einen Wandel – und somit zu einem höheren Maß an Erfüllung, Liebe und Freude in Ihrem Leben zu entdecken.

Stellen Sich sich vor, Sie müssten heute sterben:

- Was denken Sie über die Tatsache, dass Sie sterben müssen?
- Was bedauern Sie, nicht zum Ausdruck gebracht zu haben – und wem gegenüber hätten Sie es zum Ausdruck bringen wollen?

- Was bedauern oder bereuen Sie als Ungelöstes oder Ungeklärtes?
- Wie sehr war Ihre Fähigkeit, Liebe zu geben und zu empfangen, eingeschränkt?
- Was bedauern Sie, es aufgeschoben zu haben?
- Was wird unmöglich, jetzt, da Sie sterben müssen?
- Was hinterlassen Sie?
- Wer würde bei Ihnen sein, wenn Sie heute sterben müssten?
- Was bedauern Sie, nicht erlebt zu haben?
- Was werfen Sie sich selbst vor?
- Was werfen Sie anderen vor?
- Was werfen andere Ihnen vor?
- Wie wird man Sie in Erinnerung behalten?
- Was bleibt unerfüllt oder ungestillt?
- Was denken Sie über das Leben insgesamt, da Sie heute sterben?
- Was empfinden Sie noch, wenn Sie sich vorstellen, heute sterben zu müssen?

Notieren Sie sich die wichtigsten Gedanken zu jeder dieser Fragen und halten Sie dann für einen Moment inne. Sie haben sich in diesem Kapitel Fragen gestellt, denen die meisten ausweichen. Unsere Kultur ist nicht auf die Integration von Vergänglichkeit und Altern ausgerichtet – ganz zu schweigen vom Sterben. Vielleicht gönnen Sie sich einen Moment und erkennen sich für Ihren Mut und Ihre Aufrichtigkeit an.

Vielleicht empfinden Sie sogar Erleichterung darüber, diese Fragen einmal bewusst durchdacht zu haben, anstatt nur das halbbewusste Unbehagen über die Vergänglichkeit und die Möglichkeit von Versäumnissen zu verspüren. Auf jeden Fall können Sie auf die Unterstützung Ihres Unbewussten vertrauen, da Sie sich diesen wesentlichen Fragen zugewandt haben. Manchmal genügt es, einen Missstand zu formulieren, um Gelegenheiten zu entdecken, diesen auszuräumen – und dann darf man nur nicht der Versuchung erliegen, die Angelegenheit aufzuschieben.

Nun haben Sie untersucht, wie das Sterben wäre, wenn Sie sich nicht ändern würden, oder wenn es Sie heute träfe. Da Sie aber die Absicht haben, mit den Anregungen dieses Buches herauszufinden, wie Sie Ihr jetziges Leben und Ihre Zukunft erfüllend gestalten können, werden Sie auch den Moment des Sterbens wandeln.

Denken Sie daran, worum es geht: Aktiv ein erfülltes Leben zu gestalten, das von einem friedvollen Sterben vollendet wird. Sie werden den Lauf Ihres Lebens wandeln. Selbst wenn die verbleibende Lebenszeit nur noch wenige Tage dauerte, gäbe es dennoch Etwas, das Sie sagen, tun, denken oder fühlen könnten, mit dem Sie Ihrer Seele oder Ihrem Unbewussten Ihre Bereitschaft zum Wandel signalisieren können.

Womit kann ich heute ein für andere sichtbares Zeichen setzen, dass ich mein Leben wenden werde?

Sie können immer noch rückwirkend Ihrem ganzen Leben einen neuen Sinn geben. Selbst ein bösartiger Mensch, der im Sterben liegt, könnte durch eine aufrichtige, großherzige Handlung sein ganzes Leben in ein neues Licht stellen. Jede Tat, jeder Gedanke, jeder Satz, der den von der Vergangenheit und der Rolle eingeschlagenen Weg verlässt, gibt dieser Vergangenheit eine neue Bedeutung: Sie diente dann der Vorbereitung dieses tiefen Wandels!

Ein unbekannter Samurai sagte: „Die Verfassung, in der ein Mensch stirbt, kann ein ganzes Leben rechtfertigen!“ Und der

Zen-Meister Huang-Po rief seinen Schülern zu, noch der gewöhnlichste Mensch könne die größte Befreiung erlangen, wenn er im Sterben die Nichtigkeit der „Rolle“ und ihre illusorische Natur erkennt.

Die Übung, in der Sie diesen letzten Moment – gemäß Ihren Vorstellungen eines friedlichen, dankbaren, segensreichen Übergangs in ein Mysterium jenseits von Geburt und Tod – gestalten können, hat nichts mit Wunschdenken oder positiven Affirmationen zu tun. Das Ergebnis der Übung wird Leitstern Ihres Lebens werden.

Wenn ein Ereignis rückwirkend die Vergangenheit in ein neues Licht stellen kann, dann kann auch umgekehrt ein klares Bild der Zukunft die Gegenwart verändern. Wenn wir darüber nachdenken, was unsere Persönlichkeit und unsere Gegenwart ausmacht, neigen wir dazu, uns als Produkt vergangener Erfahrungen zu sehen. Aber vielleicht haben einige bereits entdeckt, dass die Zukunft, auf die wir zugehen, ebenfalls einen Einfluss hat – und vielleicht sogar noch einen weitaus größeren, vor allem, wenn wir bereit sind, die Vergangenheit loszulassen.

Wann habe ich erlebt, dass die Zukunft meine Gegenwart beeinflusst; und auf welche Zukunft möchte ich zusteuern?

Nehmen wir an, Sie hätten eine Reise in die Antarktis gebucht, Abreise in drei Monaten. Dann beginnen Sie schon jetzt, sich entsprechende Kleidung zu besorgen, vielleicht noch eine kälteunempfindliche Kamera, und Sie informieren sich vorab durch Reiseführer. Nun beginnen Sie nach einem Monat ständig von Schnee, Eis und Erfrierung zu träumen, Ihnen vergeht die Lust an der Reise, Sie rufen im Reisebüro an und veranlassen eine Umbuchung: Die Kanaren sind doch das schönere Reiseziel, Abflug in zwei Monaten. Das bringt jetzt einige Umstände mit sich, die Sie aber gerne in Kauf nehmen. Den polartauglichen Anorak und die Reiseführer können Sie getrost verschenken. Die Kamera behalten Sie, weil Sie in der Gebrauchsanweisung gelesen haben, dass die Kamera für extreme Wetterbedingungen entwickelt wurde, für arktische Kälte und tropische Hitze.

Selbst wenn Sie noch nicht abgereist sind, hat das zukünftige Ereignis auf Ihre Gegenwart gewirkt. Und selbst, wenn Sie etwa aus beruflichen Gründen die Reise nicht antreten könnten, haben Sie dennoch in der Zwischenzeit Ihr Leben auf diese Zukunft hin ausgerichtet.

In welche Richtung auch immer Ihr Leben bisher verlaufen sollte, Sie werden gleich eine Gelegenheit haben, in diesem Sinne eine „Umbuchung“ vorzunehmen. Und selbst wenn das verbleibende Leben kürzer als erwartet wäre, Sie haben sich auf diese Zukunft ausgerichtet – und im Moment des Sterbens zählt doch alleine dies! Die Verfassung, in der wir Abschied nehmen, ist entscheidend. Nicht die Ergebnisse oder Erlebnisse, die wir vorweisen könnten, sondern die emotionale Verfassung. Gewiss haben unsere Gedanken und Gefühle im Sterben eine erhebliche Wirkung darauf, wie wir den „letzten Film“ wahrnehmen.

Nutzen Sie nun die folgenden Fragen als Anregung, um sich über die innere Verfassung, in der Sie sterben möchten, klar zu werden. Es geht hier nur um die inneren Zustände, da möglicherweise nicht die Gelegenheit besteht, auf die äußeren Umstände Einfluss zu nehmen.

Vergegenwärtigen Sie sich bei Ihren Gedanken, dass Sie diese Übung nicht nur nutzen wollen, um den Sterbemoment vorzubereiten, sondern um im nächsten Schritt Ihr heutiges und zukünftiges Leben auf diesen Moment auszurichten.

– Worauf wollen Sie zurückblicken, wenn Sie sterben?

- Worüber wollen Sie sich freuen, worauf wollen Sie stolz sein?
- Wie wollen Sie an andere denken?
- Wie sollen andere über Sie denken und Sie in Erinnerung behalten?
- Wie könnte Ihr Sterben und die Zeit bis dahin, Ihr gesamtes Leben in ein neues Licht stellen?
- An wen und an was wollen Sie in Liebe gedenken?
- Wie wollen Sie sich fühlen, wenn Sie sterben?

(Bei dieser letzten Frage sollten Sie bei der Antwort sehr spezifisch sein. Verwenden Sie nicht nur einfach Adjektive wie „freudig", „gelassen", „friedlich". Verwenden Sie auch bildliche Ausdrücke oder Vergleiche: Ich möchte mich fühlen, wie ich mich fühlte, nachdem ich mein erstes Kind zur Welt brachte; die Gefühle, die ich hatte, als ich Bachs Magnificat hörte; ich möchte in freudiger Dankbarkeit alles akzeptieren und loslassen können etc. Seien Sie kreativ und wählen Sie etwas, mit dem die gewünschte Emotion sehr stark verknüpft und verankert ist.)

Wenn Sie wollen, können Sie bereits jetzt, ohne die Anregungen der noch kommenden Abschnitte zu kennen, etwas tun, um dieses Gefühl zu bestärken. Sie können sich zum Beispiel Musikstücke aussuchen, die Sie in dieses Gefühl versetzen. Sie können ein Bild wählen oder eine Collage erstellen, die Ihnen alle Aspekte des erfüllten Lebens darstellt, das dem gewünschten friedlichen Übergang vorausgeht. Sie können sich auch regelmäßig auf einer Skala von 0 bis 10 dahingehend bewerten, wie sehr die von Ihnen beabsichtigte Verfassung in der Gegenwart präsent ist.

Entwickeln Sie eigene Ideen, wie Sie eine möglichst lebendige Vorstellung von Ihrem Ziel gewinnen können. Wenn wir unser

Ziel nicht kennen, dann ist jeder Weg der falsche, heißt es; sobald wir uns über das Ziel klar sind, liegt meist der Weg, der dorthin führt, auf der Hand.

Ergreifen Sie Maßnahmen, die das gewünschte Gefühl stabilisieren und vertiefen. Tätigkeiten, die Sie ohne großen Aufwand in Ihren Alltag integrieren können. Wenn Sie wünschen, in liebevoller Verfassung zu sterben, dann überlegen Sie sich jeden Tag oder jede Woche eine Handlung, die außerhalb der Alltagsroutine liegt, und die anderen und Ihnen selbst gegenüber Liebe zum Ausdruck bringt.

Wenn Sie sich zwei, drei solcher kleinen „Rituale“ ausdenken und dies alles wäre, was Sie aus den Anregungen dieses Buches praktisch umsetzen, wird sich sehr wahrscheinlich mit der Zeit ein Wandel einstellen.

Die wiedergewonnene Integrität

Wenn du etwas über dein vergangenes Leben erfahren willst –
betrachte deine gegenwärtige Situation.
Wenn du etwas über deine Zukunft erfahren willst –
betrachte deine gegenwärtigen Handlungen.
Sogyal Rinpoche

Wir warten immer darauf,
dass eines Tages alles besser wird.
Heute ist eines Tages!
Gail Sheehy

Krempeln Sie die Ärmel hoch: Heute wird alles besser, weil *Sie* es besser machen werden. Freuen Sie sich auf die Erleichterung! Befreien Sie sich von unnötigem Ballast und atmen Sie auf. Wie, erfahren Sie in diesem und im nächsten Kapitel. Zunächst geht es um Unabgeschlossenes aus der Vergangenheit, das uns wie eine unerledigte Akte regelmäßig auf den Tisch gelegt wird und automatisch in die Wiedervorlage wandert, wenn wir es nicht sofort erledigen. Wenn Sie von Zeit zu Zeit ein diffuses Unbehagen verspüren, dann vielleicht, weil Sie unbewusst ahnen, was an Unerledigtem noch auf Sie zukommen wird.

Der Wiedervorlage-Automatismus illustriert, wie sehr uns Unaufgeräumtes in unserer Rolle gefangen hält und uns von einem Neuanfang abhält. Da bleibt nicht viel Spielraum für Entwicklung. Und es wundert dann auch nicht, wenn wir mit den Jahren an Lebendigkeit, Zuversicht oder Enthusiasmus verlieren. Das ist nicht eine Frage des Alters. Wenn der Rucksack zu voll ist, fällt selbst einem 20-Jährigen der Weg schwer. Da ist es einfacher, den Rucksack kurz mal abzusetzen, hineinzusehen und aufzuräumen. Das ist vielleicht anfangs nicht erfreulich, vielleicht finden Sie – bildlich gesprochen – ein paar angeschimmelte Stullen. Aber warum sollte man sich den Rest der Wanderung verderben lassen? Da nimmt man lieber ein paar Unannehmlichkeiten in Kauf. Dann wird das Leben leichter – nicht weil Sie stärker wurden, sondern weil der Rucksack nicht mehr so schwer wiegt. Und es wird leichter, weil Sie sich ein Leben erschaffen, das erfüllend, überraschend neu und keine Wiederholung Ihrer Vergangenheit ist. Schließlich wird Ihr Leben erheblich heiterer, da Sie mit Ihrer wiederhergestellten persönlichen Integrität auch im Hinblick auf das Sterben nichts zu fürchten haben.

Wie lange will ich mich mit Unaufgeräumtem noch belasten – ab wann möchte ich ein Leben in „Unschuld" führen?

Ein Leben mit Integrität zu führen heißt, mit sich selbst im Reinen zu sein, da Sie sich selbst und Ihren Werten treu sind. Sie können mit Stolz in den Spiegel schauen, denn Ihr Denken, Sprechen und Handeln ist in Übereinstimmung mit Ihren Werten und Absichten.

Wenn Sie Ihre Integrität wiederhergestellt haben, steht Ihnen ein frisches Maß an Energie zu Verfügung, die Sie bis dahin aufwenden mussten, um entweder das Unaufgeräumte vor sich selbst oder anderen zu verbergen oder zu rechtfertigen. Mit Integrität sind Sie offen für das Erleben von Nähe, Intimität und Liebe, frei, Ihr Leben zu gestalten – und Sie sind unabhängig von der Zustimmung anderer. Und die Aufrichtigkeit, die natürlicherweise aus Integrität folgt, gewinnt Vertrauen anderer, da diese instinktiv spüren, dass ihr Vertrauen nicht missbraucht werden wird.

Integrität ist wie ein makelloser Raum, in dem Sie bisher ungeahnte Erlebnisse erfahren können. Integrität ist verwandt mit Unschuld – allerdings einer Unschuld, die, einmal verloren, wiedergewonnen werden kann.

Ohne Integrität hingegen ist es schwer, ein erfülltes Leben zu leben. Im Gegenteil: Fehlende Integrität ist die Ursache von Leid. Eine Form des Leids, dessen Ursache vergeblich in vielen kostspieligen Therapiesitzungen bei Kindheitstraumata gesucht wird.

Fehlende Integrität hält Sie in Ihrer „Rolle", Ihrer Identität gefangen – wieder und wieder befassen Sie sich mit denselben Themen. Und je mehr Sie von Ihrer Rolle verwendet werden, umso mehr fühlen Sie sich von anderen und dem Leben insgesamt getrennt. Und Trennung ist Leid. Überlegen Sie auch, welche Menschen Sie auf Ihrem Lebensweg zurückgelassen haben oder welche Vorhaben Sie schleifen ließen, weil etwas Unaufgeräumtes im Wege stand? Fehlende Integrität wird Sie immer wieder aus den aufblitzenden Momenten des Friedens und Glücks herausreißen. Das ist Leid.

Was wäre möglich, wenn ich Lebensbereiche oder Menschen, die ich derzeit meiden muss, wieder zurückgewinne?

Fehlende Integrität schwächt Ihr Vertrauen in sich selbst – wenn Sie Ihren Lebensgefährten betrogen haben und das nie aufräumten, wie wollen Sie sicher sein, es in der nächsten Beziehung nicht wieder zu tun? Wenn Sie ein wichtiges Versprechen nicht gehalten haben und es nicht aufräumten, haben Sie möglicherweise Rechtfertigungen dafür. Aber dann geben Sie den Rechtfertigungen die Verantwortung für Ihr Leben und die Rechtfertigungen werden beginnen, eher Sie zu verwenden als umgekehrt.

Ohne Integrität zu lebe ,t wie Schummeln beim Spielen. Ein Mensch, der spielt, folgt c Spielregeln und kann seinen Spaß haben, unabhängig vom S lausgang. Ein Mensch, der es „ernst" meint, schummelt und ka sich seines Sieges nicht von ganzem Herzen erfreuen, und wei er verliert, wird er sich noch mehr ärgern, weil er trotz unlaut :r Maßnahmen nicht gewonnen hat.

Im Allgemeinen rutsc n wir in feinen, kaum spürbaren Nuancen in einen Zustand hlender Integrität. Vielleicht können Sie sich noch an eine t erinnern, als es Ihnen noch richtig wehgetan hat, gegen ei . persönlichen Wert oder eine Vereinbarung verstoßen zu hab . Und anstatt es aufzuräumen, haben Sie versucht, sich darübe ınwegzutrösten. Vielleicht haben Sie sich auch durch andere chwichtigen lassen – und schon machten Sie sich abhängig der Zustimmung anderer.

Ein paar Mal :h vielleicht tut es weh, aber irgendwann ist es gar nicht me so belastend. Im schlimmsten Fall fangen wir sogar an, bei a :ren geradezu nach Rechtfertigungen zu suchen: Überlegen S ınmal, wie viele Menschen ihre Steuererklärung beschönige nit der Rechtfertigung, dass andere das auch tun. Das bring ıelleicht ein paar Euros Steuerersparnis – kostet aber persönli : Freiheit, Schönheit und Selbstausdruck: „Man" wird eben w die „anderen".

Es k ıte nun der Eindruck entstehen, Integrität habe etwas mit Mo zu tun und fehlende Integrität wäre „Sünde". „Sünde" ist es ır i inne des etymologischen Ursprungs des Wortes, das si vo Sund", also „Trennung", herleitet. Und mit Moral ist I eg nur durch die Schnittmenge zwischen eigenen Wert- rs ungen und moralischen Leitsätzen verbunden.

ıral ist eine Mogelpackung. Zum einen, weil sie von au- an uns herangetragen wird, wir also nicht verantwortlich für sie sind und viele daher nach der Devise leben: „Solange ich nicht erwischt werde, kann ich tun, was ich will, selbst, wenn ich weiß, dass es falsch ist." Zum anderen lassen sich eigene Moralverstöße leicht mit Schuldgefühlen „ahnden" – und nicht selten ist diese Buße die Vorbereitung für die Wiederholung dessen, wofür man büßte; denn immerhin hat man sich ausreichend schlecht gefühlt, jetzt kann man es ruhig wieder tun.

Integrität basiert nicht auf moralischen Werten, sondern auf den eigenen, inneren Wertvorstellungen, Standards und Prinzipien. Integrität hat auch nichts mit „gut" und „böse" zu tun, sondern ist eine Frage der Funktionsfähigkeit Ihres Lebens. Es gibt Handlungen und diese Handlungen haben Konsequenzen. Wenn jede Ihrer Handlungen mit Ihren eigenen Wertvorstellungen übereinstimmt, werden Sie auch leichten Herzens Verantwortung für die Konsequenzen übernehmen. Möglicherweise verstoßen Ihre Handlungen sogar gegen bestehende Werte – und dennoch bleiben Sie sich selbst treu. Jede emanzipatorische Bewegung – die Frauenbewegung, der Kampf amerikanischer Farbiger um Gleichberechtigung oder das Engagement Homosexueller, die ihre sexuelle Orientierung straffrei leben wollten – begann mit einem Verstoß gegen herrschende Moral- und sogar Rechtsvorstellungen.

Integrität hat also eine enorme Kraft, nicht nur das gesellschaftliche Leben, sondern vor allem Ihr eigenes Leben zu wandeln. Gewinnen Sie sich Ihre persönliche Freiheit zurück und steigern Sie das Maß Ihrer Lebensfreude, indem Sie beginnen nachzuforschen, wo in Ihrem Leben Integrität fehlen könnte.

Vielleicht fällt Ihnen das leichter, wenn Sie folgende Idee auf Ihr Leben anwenden; eine Idee, die im Übrigen auch Ihre Verstrickung mit dem Leben und die Anhaftung daran lockern wird. Betrachten Sie doch einmal versuchsweise Ihr Leben als eine Leihgabe. Normalerweise betrachten wir es eher als Geschenk: „Das ist jetzt meins, und ich kann damit machen, was ich will. Ob ich mit dem Geschenk glücklich werde, anderen schade oder es zerstöre, geht doch nur mich etwas an!"

Halte ich manchmal Willkür für Freiheit – und beklage mich dann über die Folgen meiner Handlungen?

Aber stellen Sie sich vor, Sie haben sich das Leben geliehen und geben es dann an einen anderen weiter. Wie einen Leihwagen – und jetzt geht es darum, den Wagen wieder aufzuräumen, zu waschen und aufzutanken, damit der nächste Fahrer seine Freude daran haben kann. Das Schöne im Rahmen dieser Untersuchung der Integrität ist: Sie selbst werden der nächste sein.

Berücksichtigen Sie weiterhin, dass Integrität keine bleibende Eigenschaft ist, anders als etwa musikalische Begabung. Integrität ist eher eine Haltung, eine Ausrichtung, eine Qualität, die man nicht aus dem Auge verliert. Man ist nie „fertig" mit Integrität, genauso wenig wie der Wäschekorb je leer oder der Kühlschrank stets voll sein wird.

Die folgenden Hinweise können Sie als eine Art Spürhund einsetzen, um in Gegenwart und Vergangenheit Unaufgeräumtes aufzudecken. Überlegen Sie sich dann Maßnahmen, mit denen Sie Ihre Integrität wiederherstellen können, wie Sie wieder in Einklang mit der Essenz Ihrer selbst kommen können – und seien Sie neugierig darauf, wie sich Ihr Leben anschließend wandeln wird.

Vergegenwärtigen Sie sich noch einmal, was Ihnen als Unaufgeräumtes einfiel, als Sie sich fragten, wie es wäre, heute zu sterben. Und fragen Sie sich noch einmal: Was würden Sie bedauern, nicht ins Reine gebracht zu haben, wenn Sie heute sterben würden? Dann untersuchen Sie zunächst Ihr Leben in Vergangenheit und Gegenwart unter den drei folgenden Gesichtspunkten:

Gebrochene Vereinbarungen

Sie haben jemandem ein Versprechen gegeben, sind einen mündlichen oder schriftlichen Vertrag eingegangen und haben gegen die Vereinbarung verstoßen.

Gesetzesverstöße

Sie haben im Kleinen oder Großen gegen ein Gesetz verstoßen. Gesetze sind nicht gottgegeben, sondern das Werk einer Gemeinschaft, die auch Gesetze für die Änderung von Gesetzen vereinbart. Solange wir uns dieser Gemeinschaft zugehörig fühlen wollen, müssen wir entweder die Gesetze achten oder eine Änderung veranlassen.

Verstöße gegen die eigenen Werte, Standards und Prinzipien

Im Unterschied zu gebrochenen Vereinbarungen oder Gesetzesverstößen, erkennen möglicherweise nur wir selbst die Diskrepanz zwischen der Handlung und unseren Werten. Einem Außenstehenden kann diese Diskrepanz verborgen bleiben und unser Handeln völlig angemessen erscheinen.

Berücksichtigen Sie bei Ihrer Rückschau, dass sich Werte entwickeln. Für Jugendliche kann Aufbegehren und Missachtung der Erwachsenenwelt ein angemessener Wert für diese Übergangszeit sein, genauso wie das Überschreiten von Grenzen, um sich zu beweisen. Wenn Sie also als „Mutprobe“ sozusagen, einmal etwas gestohlen haben, müssen Sie als Erwachsener den Schaden nicht unbedingt ersetzen – es sei denn, es wäre stimmig für Sie.

Noch einmal: Es geht nicht um Moral. Der Häuptlingssohn Nelson Mandela stahl seinem Stamm zwei preisgekrönte Zuchtbullen und reiste mit dem Erlös in die Stadt, um dort zu studieren. Hätte Mandela die Zehn Gebote befolgt, wäre Südafrika nicht geworden, was es heute ist. Auch wenn die Treue seiner Haltung für die Gleichberechtigung der Schwarzen, die er über Jahrzehnte im Gefängnis aufrechterhielt, den Diebstahl im Nachhinein rechtfertigt, wird er vermutlich später den Schaden wieder ausgeglichen haben.

Bedauerlicherweise kann die Treue zu Wertvorstellungen auch negative Folgen nach sich ziehen. Wenn etwa ein Unternehmer den Wert „rücksichtslose Stärke“ als Richtlinie für sein Handeln betrachtet. Er wird alle Mittel ausschöpfen, den eigenen Vorteil so groß wie möglich zu halten, Rechnungen lange nach Zahlungsziel bezahlen, um die eigene Liquidität zu schonen, er wird kleinere Unternehmen ausstechen, und alles Erforderliche tun, um den „Kampf ums Überleben“ zu gewinnen.

Welche der Werte oder Prinzipien, gemäß denen ich lebe, sind nachteilig oder schädlich für mich oder andere?

Die Frage nach der Integrität stellt sich dann nicht hinsichtlich der Übereinstimmung von Werten und Handlungen, sondern im Hinblick auf die Angemessenheit des Wertes selbst. Sicher könnte man Darwin als Rechtfertigung heranziehen, der das Gesetz des Stärkeren „bewiesen“ hat. Darwins Zeitgenosse Kropotkin hingegen kam zu der Schlussfolgerung, dass nicht der Stärkste überlebt, sondern der Kooperativste.

Die Wahrung unserer persönlichen Integrität bringt mit sich, von Zeit zu Zeit die eigenen Wertvorstellung dahingehend zu überprüfen, ob sie noch mit der eigenen Sicht und Erkenntnis des Lebens übereinstimmen.

Wenn Sie gründlich nach fehlender Integrität in Ihrem Leben forschen wollen, können Sie der Frage nachgehen, in welchen Lebensbereichen, in welchen Beziehungen und bei welchen Vorhaben Sie Unbehagen oder Schwäche empfinden: Wenn Sie daran denken, zieht sich etwas in Ihnen zusammen oder es ist ein Reizthema für Sie.

Prüfen Sie folgende Lebensbereiche: Gesundheit, Beruf, Finanzen, Familie/Partnerschaft, Freunde, Weiterbildung/Weiterentwicklung, Spiritualität, Psyche, persönliche Werte. Prüfen Sie diese Bereiche in Gegenwart und Vergangenheit auch dahingehend, ob es Verhaltensweisen oder Aktivitäten gibt oder gab, die Sie vor sich selbst rechtfertigen oder „entschuldigen" müssen. Vor allem, wenn Sie sich damit rechtfertigen, nur zu tun, was andere auch tun, gibt es wahrscheinlich etwas aufzuräumen. Sich mit Blick auf andere zu rechtfertigen, kostet Ihre persönliche Kraft. Etwa im Hinblick auf Schwarzarbeit, süchtigem Verhalten, Übervorteilen anderer, Erschleichung von Sozialleistungen, Steuerbetrug, regelwidrigem Verkehrsverhalten, Seitensprüngen, Unzuverlässigkeit liegt sehr schnell die Rechtfertigung nahe: „Aber die anderen machen es genauso!"

Wie gesagt, mit solchen Rechtfertigungen gewinnen Sie einen kurzfristigen Vorteil. Aber dieser Vorteil ist nicht einmal eine Hand voll Dollars, sondern nur eine „Hand voll Reis"; dieser Vorteil ist der Köder, der Sie in den Verstellungen und Reaktionen der Rolle gefangen hält und so von Ihrem Wesen entfremdet.

Vielleicht sind aufgrund Ihrer Antworten lange Listen entstanden. Manchen steht eine Aufgabe bevor, die einer der Heldentaten des Herkules gleicht, als er an einem Tag die Ställe des Augias ausmisten sollte. Wenn es Sie bestärkt, können Sie sich in diesem Sinne als „Held" betrachten. Denn das Normale ist, über all das, was Sie sich mithilfe dieser Untersuchung Ihrer Integrität vergegenwärtigen, hinwegzusehen und sich vom Strom der allgemeinen Übereinstimmung, das sei ja alles nicht so wichtig, treiben zu lassen.

Falls sich in Ihnen Widerstand dagegen geregt hat, üben Sie sich in Loslassen. Sie haben nichts zu verlieren, nur zu gewinnen. Es ist im Übrigen nicht „Ihr" Widerstand – es ist der Widerstand Ihrer Rolle, die um ihr Überleben bangt.

Denn ein bisschen „sterben" wir, wenn wir etwas aufräumen, etwa jemandem vergeben, dem wir jahrelang die Vergebung verweigert haben – es stirbt der Teil, der sich an diesen Groll gewöhnt hat. Als biologisches Wesen sterben wir nur einmal – „existenzielle" Tode können wir mehrfach im Laufe eines Lebens sterben. Das Aufräumen in unserem Leben kann in diesem Sinne unsere Fähigkeit, loszulassen, stärken und wird somit auch den Moment unseres Sterbens erleichtern.

Was könnte ich gewinnen, wenn ich selbst auf berechtigten Groll verzichte?

Angelus Silesius dichtete: „Stirb bevor du stirbst, damit du nicht verdirbst, wenn du stirbst." Wobei im Rahmen von Integrität „Verderben" als Leben voll fauler Kompromisse zu verstehen wäre, und auf das gesamte Anliegen dieses Buches bezogen hieße Verderben: Von einem wunderbaren Mysterium getrennt zu sein – vor und nach dem Tod.

Lassen Sie los und beginnen Sie, die nach Ihrem Empfinden wichtigsten Angelegenheiten aufzuräumen. Bei den meisten unaufgeräumten Angelegenheiten liegt die Lösung auf der Hand: Unbezahlte Strafzettel müssen einfach nur bezahlt werden. Bei anderen Fragen ist es vielleicht angemessen, sich beraten zu lassen. Wenn Sie Ihren Lebensgefährten betrogen haben, ist es nicht immer die beste Lösung, diesen Seitensprung zu gestehen; hier könnte ein Gespräch mit einem Familientherapeuten Aufschluss geben, angemessene Maßnahmen zu finden.

Wenn es etwas mit Verstorbenen auf der persönlichen Ebene aufzuräumen gibt, können Sie einen Brief an den Verstorbenen schreiben – es wird eine Auswirkung auf Sie haben. Wenn es etwas auf materieller Ebene mit einem Verstorbenen aufzuräumen gibt (beispielsweise unbezahlte Rechnungen oder offene Schulden), können Sie sich mit dessen Angehörigen verständigen.

Heute ist der Tag, an dem alles besser wird! Wenn Sie die Ärmel hochkrempeln – und der Versuchung widerstehen, alles wieder unter den Teppich zu kehren. Sie werden sich morgen freuen, wenn Sie den „Leihwagen" heute aufgeräumt haben. Haben Sie Mitgefühl mit Ihrem zukünftigen Selbst und lassen Sie sich von Ihrer Vorfreude inspirieren!

Lösungen

Was immer dem Entstehen unterworfen ist,
das ist auch dem Vergehen unterworfen.
Gautama, der Buddha

Der Tod ist ein Kniff von Mutter Natur, uns daran
zu erinnern, alles leichter zu nehmen.
Anonymus

Wenn nicht an fehlender Integrität, so leiden wir an Erfahrungen der Vergangenheit, Entbehrungen oder störenden Eigenschaften. Die Weltreligionen betrachten übereinstimmend das irdische Dasein als „Jammertal", wobei der Buddhismus gar die Gleichung aufstellt: Leben ist Leiden. Dies ist die erste der vier edlen Wahrheiten aus Buddhas Lehre. Bedauerlicherweise sind die folgenden drei nicht in diesem Maße bekannt, die zusammengefasst besagen: Kein Leid ist notwendig und da jedes Leid selbstverursacht ist, gibt es auch einen Weg zur Auflösung des Leids.

Wenn alles vergänglich ist – wo sorge ich selbst für das Fortbestehen von Leiden?

Eine paradoxe Form des Leidens unserer Zeit, ist das Leiden daran, überhaupt zu leiden. Heute *kann* nicht nur jeder glücklich sein – jeder *sollte* glücklich sein! Da wir nicht leiden sollen, leiden wir nicht nur an leidvollen Erfahrungen, sondern auch noch an der Tatsache, *dass* wir leiden. Dabei ist Leid, sofern wir nicht daran festhalten, Triebkraft des Wandels.

Meister Eckhart sagte: „Leid ist das schnellste Ross zu Gott." Damit ruft er nicht dazu auf, durch „Selbstgeißelung" oder aktiver Steigerung des eigenen Leids ein gottgefälliges Leben zu führen. Aber Leid feuert uns an, nach Wegen Ausschau zu halten, das Leid zu lindern, und so über den Horizont unserer Leid verursachenden Anschauungen hinauszusehen. Jemand, der das Unglück hat, keine wirklichen Leiderfahrungen gemacht zu haben, wird nie die Notwendigkeit sehen, die einschränkenden Grenzen seiner Rolle zu sprengen.

Überlegen Sie selbst, wie Sie sich durch vergangenes Leid entwickelt haben. Malen Sie auf ein Blatt Papier von links nach rechts einen Zeitstrahl – vom Jahr Ihrer Geburt bis zum heutigen Tag. Markieren Sie den Zeitpunkt einer leidvollen Erfahrung und überlegen Sie, was sich über die Jahre daraus entwickelt hat. Vielleicht stecken Sie in einem sich wiederholenden Muster fest. Aber vielleicht erwuchsen daraus Einsichten, die Ihnen in späteren, ähnlichen Situationen einen anderen Umgang ermöglichten. Fragen Sie sich, ob das Leid Sie weicher und mitfühlender machte. Oder hat es Sie härter gemacht, weil Sie im Teufelskreis gefangen sind, in dem vergangenes Leid Ihre gegenwärtige Härte rechtfertigt?

Natürlich könnte man Leid einer vergangenen Erfahrung auch unnötig bis in die Gegenwart verlängern, indem man sich wie ein Mantra vorbetet: „Das hätte damals nicht passieren sollen. Dann wäre alles anders gekommen. Aber es ist passiert und daher muss ich immer noch leiden."

Eine universelle Quelle von Leid ist sicher das Wesen der Rolle und deren Automatismen. Solange wir die Rolle, unsere Identität, als die äußerste Möglichkeit menschlichen Daseins betrachten, werden wir von ihren Reaktionen beherrscht sein. Die Rolle suggeriert uns ein autonomes Dasein, getrennt von anderen. Daraus kann das Bestreben folgen, Erfolg auf Kosten anderer zu haben oder auf Kosten anderer Recht zu behalten. Denn aus der Perspektive der Rolle haben die anderen nichts mit mir zu tun.

Zum Wesen der Rolle gehört es auch, das Leben durch die Brille wahrzunehmen: „Hier stimmt etwas nicht; mit mir, den anderen, dem Leben ist etwas nicht in Ordnung – und ich weiß, wie ich es in Ordnung bringe." Die Rolle arbeitet an einem kontinuierlichen Änderungsprogramm. Ihr Standpunkt, dass etwas nicht stimmt, ist jedoch fast Veränderungsresistent.

Wenn wir von der Rolle verwendet werden, neigen wir auch dazu, andere Menschen ins Unrecht zu setzen. Die Unversöhnlichkeit kann sogar über den Tod hinausgehen, wenn das Ego sich aktiv der Versöhnung verweigert, um nach dem Tod die Hinterbliebenen mit einem schlechten Gewissen zurückzulassen.

Wofür setze ich andere ins Unrecht – und womit bezahle ich dafür?

Verantwortung ist der Rolle meistens fremd. Die Rolle neigt dazu, sich als Opfer anderer oder der Umstände zu fühlen. Die Möglichkeit in Betracht zu ziehen, dass wir Menschen Meister unserer eigenen Erfahrung sind, liegt ihr fern. Und so wie es bequemer ist, Kaffee von einer Maschine kochen zu lassen, als ihn von Hand aufzubrühen, lassen wir uns manchmal eher von den automatischen „spontanen" Reaktionen „bedienen", als die schöpferische Mühe des Denkens auf uns zu nehmen.

Die Ablehnung von Verantwortung äußert sich auch dann, wenn wir dazu neigen, unserer Vergangenheit einen zu großen Einfluss zuzuschreiben. Genauso gut könnten wir die Kraft der Zukunft und ihre Wirkung auf unsere Gegenwart nutzen – jedoch müssten wir dann einräumen, selbst verantwortlich zu sein. Denn im Unterschied zur Vergangenheit, an der sich nichts mehr ändern lässt, bietet sich die Zukunft als Freiraum für unsere eigenverantwortliche Gestaltung an.

Um diesen allumfassenden Einfluss der Rolle zu schwächen, beginnen Sie, über die Rolle hinauszuwachsen, werden Sie größer und weiter als sie: Sie sind also nicht der Raum, der durch die Rolle begrenzt wird, Sie sind der Raum, der die Rolle enthält.

Der Irrtum über den Einfluss der Vergangenheit

Wir sind gewohnt, unser gegenwärtiges Sein als durch vergangene Erfahrungen bedingt zu betrachten. Es gibt hierfür ausreichend persönliche und wissenschaftliche Belege – die wir aber vielleicht nur deshalb so zahlreich finden, weil wir so eifrig danach suchen.

Vergangenheit – wie auch die Zukunft, sind jedoch Illusionen, die einzig in unserer Vorstellung existieren (und vielleicht sollten wir überlegen, ob nicht auch die Gegenwart eine Illusion ist). Das Medium unserer Vorstellung ist Sprache im weitesten Sinne (einschließlich Bilder, Gefühle, Symbole etc.). Zum Wesen der Sprache gehört die rückwirkende Entfaltung von Sinn; das heißt, der Sinn eines Satzes erschließt sich von seinem Ende her: Der Satzanfang „Ich nehme den Ball …“ hat eine andere Bedeutung, wenn er fortgesetzt wird mit „… als Anlass zum tanzen“, als wenn er mit „… und schieße ihn in die Luft“ endet.

Entsprechend führten neueste Forschungen zu der Erkenntnis einer Abhängigkeit zwischen der Art und Weise, wie wir unsere Vergangenheit in der Erinnerung rekonstruieren, und dem Gemütszustand, aus dem wir erinnernd zurückschauen. Die Vergangenheit, die wir erinnern, passt sich unserem gegenwärtigen Gefühl an, sodass es uns scheint, wir hätten uns immer

Wie sehr neige ich dazu, Leiden als notwendig zu betrachten und Glück als erfreulichen Zufall?

schon so gefühlt. In Momenten des Scheiterns, glauben wir, uns ginge immer alles schief. Aber wenn wir glücklich sind, können wir auch in Lebensphasen, die uns bisher vom Leid überschattet erschienen, freudige Momente entdecken. Vermutlich erweist sich manche Kindheit als glücklicher, wenn sie aus einem Glücksgefühl betrachtet wird.

Es gibt also nicht *die* Vergangenheit als festgeschriebene Chronik, sondern sie entfaltet sich dynamisch neu in unserer Erinnerung. Mit gesunder Skepsis könnten Sie sich fragen: „Vielleicht kenne ich meine Vergangenheit nicht wirklich?" Vielleicht glauben wir nur, die Vergangenheit zu kennen, weil wir stets aus dem gleichen Gefühl zurückschauen.

Daher sind manchmal jene Therapieformen, die den Fokus auf die „Ursachenforschung" legen, geradezu kontraproduktiv. An einem Gefühl des Unglücks leidend, wollen wir dessen Ursachen erforschen, blicken zurück und finden entsprechende vergangene Situationen, die der betrübten Stimmung noch mehr Gewicht geben. So kann sich ein Teufelskreis entwickeln, innerhalb dessen wir aus einer durch Erinnerungen immer leidvolleren Gegenwart weitere leidvolle Erinnerungen finden, wodurch bewiesen scheint, dass das gegenwärtige Leid durch die Vergangenheit verursacht ist. Wenn Sie therapeutische Unterstützung suchen wollen, wählen Sie daher einen lösungsorientierten, nicht einen „ursachenorientierten" Therapeuten. Suchen Sie nicht nach jemandem, der fragt: „Warum sind Sie unglücklich?", sondern nutzen Sie jenen, der fragt: „Was macht Sie glücklich?"

Im Lichte der Erkenntnis dieses Einflusses der Gegenwart wird noch einmal deutlich, warum es nicht nur wichtig ist, sich die Verfassung, in der Sie sich von Ihrem Leben verabschieden, zu vergegenwärtigen, sondern auch immer wieder auf stärkende und ermutigende Aspekte Ihres Lebens zurückzublicken, so wie

Sie sie in der Rückschau und beim Thema Anerkennung erinnerten. So stärken Sie eine positive Rückkopplungsschleife, einen „Engelskreis“ sozusagen.

Lösen wir uns also von der Vorstellung, die Vergangenheit beeinflusse die Gegenwart, und greifen stattdessen eine Idee von Alan Watts auf. Er schlug vor, die Gegenwart als ein Schiff zu betrachten, das auf dem Meer der Zeit fährt. Wir sind immer in der Gegenwart, immer an Bord dieses Schiffes. Die Vergangenheit wäre in diesem Bild das Kielwasser, die Furche, die das Schiff hinter sich in die Wogen zieht.

Nähmen wir an, die Vergangenheit beeinflusse die Gegenwart, dann müssten wir auch absurderweise annehmen, der Kurs des Schiffes würde vom Kielwasser bestimmt. Natürlich bestimmt unser Ziel den Kurs – und so könnten wir uns erleichtert im Nu von der Last der Vergangenheit befreien.

Wenn ich meine Vergangenheit kurz mal vergesse, was entdecke ich Neues an meinem gegenwärtigen Leben?

Denn vergangene Erfahrungen könnten sich eigentlich wie das Kielwasser in Nichts auflösen. Aber wir hängen sehr an der Vorstellung einer uns beeinflussenden Vergangenheit. Ist es nur die allzu menschliche Neigung, an etwas festzuhalten? Oder gibt es vielleicht verborgene Faktoren, die den Kausalzusammenhang von vergangenen Erfahrungen und gegenwärtigem Erleben aufrechterhalten?

Ist Ihnen schon einmal aufgefallen, wie sich, wenn wir scheitern oder leiden, oft genug der Gedanke aufdrängt: „Das passiert mir nur, weil ich soundso bin.“ Und steckt darin nicht der Vorwurf: „... und ich bin so, weil damals meine Eltern, mein Bruder, mein Lehrer, dies und das gesagt oder getan haben.“ Umgekehrt fällt jemandem seltener in einem glücklichen Moment ein: „Das ist mir nur gelungen, weil damals meine Eltern, mein Bruder, mein Lehrer, dies und das gesagt oder getan haben."

Könnte es sein, dass wir dazu neigen, für den Mist im eigenen Leben andere verantwortlich zu machen, und das Gold ausschließlich als unser eigenes Verdienst zu verstehen? Vielleicht erschließt sich daraus ein Zugang zur Freiheit von „vergangenen Einflüssen": Wenn Sie die Großzügigkeit entwickeln, anderen zu verzeihen und dadurch die Verantwortung für das Erleben Ihres eigenen Lebens übernehmen, so gewinnen Sie die Freiheit zur Gestaltung Ihres Erlebens zurück.

Probieren Sie es: Nehmen Sie eine Schlüsselsituation in Ihrem Leben, deren leidvoller Einfluss bis in die Gegenwart reicht. Beschreiben Sie die Situation im Hinblick auf Zeit, Ort und das faktische Ereignis. Beschreiben Sie die Schlussfolgerung, die *Sie* aus der Situation gezogen haben. Und – um sich aus der Verhaftung an die eigene Sichtweise zu lösen – beschreiben Sie die Situation auch aus der Perspektive der anderen beteiligten Person/en. Und dann überlegen Sie, ob es Ihnen möglich ist, der/den Person/en zu verzeihen, um so zu beginnen, den Bann der Vergangenheit zu lösen. Vielleicht genügt Verzeihen schon, um mehr Freiheit zu gewinnen. Aber es gibt noch einen weiteren Faktor, der uns an die Vergangenheit ketten kann. Kein vernünftiger Mensch tut irgendetwas umsonst. Könnte es sein, dass wir durch Leiden einen Vorteil gewinnen? Ein Vorteil, der bislang unentdeckt blieb, weil wir annahmen, dieses Leid nähre sich aus vergangenen Erfahrungen?

Versuchen Sie Folgendes: Schreiben Sie zunächst eine Eigenschaft, eine Überzeugung oder ein Empfinden auf, an dem Sie leiden, das Ihnen im Weg steht, das Leben begeistert zu leben. Notieren Sie auch, wie lange Sie dies schon durch Ihr Leben begleitet.

Als Nächstes überlegen Sie, was ein möglicher Vorteil wäre, der daraus entstehen könnte. Versuchen Sie nicht, einen „richtigen, wahren" Vorteil zu finden. Forschen Sie, geben Sie der Überlegung Raum sich zu entfalten, ja, wenn Ihnen der Anfang schwer fällt, erfinden Sie einfach etwas. Wenn Sie etwa an Schüchternheit leiden, fragen Sie sich, wovor Sie diese Schüchternheit schützt, wie viele „peinliche Situationen" Ihnen erspart blieben. Wenn Ihnen Durchsetzungsvermögen fehlt, könnte ein Vorteil sein, sich nie richtig für etwas engagieren zu müssen – das ist bequem.

Denken Sie anschließend darüber nach, was in Ihrem Leben möglich wäre, wenn Sie frei von dieser Eigenschaft, der Überzeugung, dem Empfinden wären. Spekulieren Sie ein bisschen, lassen Sie sich anregen von den Möglichkeiten, die Sie aus dem Leben anderer Personen kennen.

Zum Schluss stehen zwei Fragen: Sind Sie bereit, auf den Vorteil zu verzichten? Und: Sind Sie bereit, diesen Aspekt Ihrer Persönlichkeit loszulassen? Letzteres würde bedeuten, sich selbst in diesem Bereich nicht mehr ganz so gut zu kennen; das ist einerseits etwas seltsam, andererseits bringt es Neugierde und die Möglichkeit von Entdeckungen in Ihrem Leben.

Wenn Sie beide Fragen mit „Ja" beantworten, dann eröffnen Sie sich die Chance, dass mit der Zeit die Eigenschaft, die Überzeugung oder das Empfinden aus Ihrem Leben verschwindet, sofern Sie sich immer wieder an diesen Vorteilsverzicht erinnern.

Wenn Sie beide Fragen mit „Nein" beantworten – und dies aufrichtig zu tun, wäre besser als ein geheucheltes „Ja" – dann wird auch dies einen Wandel verursachen. Denn indem Sie sagen, dass Sie nicht bereit sind, auf den Vorteil zu verzichten, und auch nicht willens, diesen Aspekt Ihrer Identität hinter sich zu lassen, machen Sie sich die Eigenschaft, die Überzeugung oder das Empfinden, an dem Sie bisher gelitten haben, zueigen. Indem Sie aktiv und bewusst wählen, zum gegenwärtigen Zeitpunkt nicht loszulassen, entscheiden Sie sich für diesen leidvollen Aspekt in Ihrem Leben. Und das ist fast so kraftvoll wie sich davon zu verabschieden. Denn in diesem Moment übernehmen Sie die Verantwortung für diesen Aspekt – Sie sind nicht mehr das Opfer. Und kraft dessen kann vielleicht allmählich, nach und nach, die Bereitschaft entstehen, sich von diesem Aspekt zu verabschieden.

Was uns weiterhin im Wege stehen könnte, uns vom Einfluss unserer vergangenen Identität und ihren Überzeugungen zu lösen, ist die „Solidarität" mit der Person, die wir in der Vergangenheit waren. Wozu? Wir waren in der Vergangenheit, wer auch immer wir waren; aber bürden wir möglicherweise dieser „Person aus der Vergangenheit" nicht zuviel auf, wenn wir meinen, wir müssten ihr bis zum Tod die Treue halten?

Fakten und (Miss-)Interpretationen

Möglicherweise kennen Sie wiederkehrende Situationen, nach denen Sie sich regelmäßig sagen: „Also, das nächste Mal werde ich ..." Und beim nächsten Mal ist dann doch alles wieder wie immer – und Sie behalten das Gefühl zurück, ausgeliefert zu sein. Der Schlüssel zum Wandel ist dann nicht eine Änderung des Verhaltens, sondern eine Änderung der Interpretation der Situation. Die Interpretation beeinflusst unser Verhalten weitaus mehr als die Situation selbst. Wie könnten sich sonst zwei Personen in ein und derselben Situation unterschiedlich verhalten? Für den einen ist das Sprechen vor einer Gruppe eine wundervolle, aufregende Gelegenheit, sich zum

Wie könnte ich meinen Weg zum Glück heute beginnen, ohne auf andere Lebensumstände zu warten?

Ausdruck zu bringen, während der andere mit feuchten Händen und trockenem Mund vor eine Gruppe tritt, weil die Situation als Bedrohung erscheint.

Das Verhalten und Erleben in der Situation passt zu der jeweiligen Interpretation der Situation: Der eine Redner wird möglicherweise kein Ende finden und der andere wird zusehen, schnellstens wieder vom Rednerpult zu verschwinden.

Experimentieren Sie mit dieser Überlegung, indem Sie eine wiederkehrende Situation betrachten und nach der Interpretation forschen, die Ihre Wahrnehmung der Situation prägt. Sie können sich Ihre übliche Reaktion ansehen und fragen: Zu welcher Interpretation ist diese Reaktion das passende Verhalten? Überlegen Sie sich, ob Sie sich von dieser Interpretation verabschieden wollen und stattdessen lieber eine befreiendere Interpretation formulieren wollen.

Natürlich wird die Rolle Widerspruch einlegen: „Nein, das ist keine Interpretation, das ist ja wirklich so." Wenn sie protestiert, dann sind Sie vermutlich auf der richtigen Fährte. Und je stärker der Widerstand, umso größer auch die Freiheit, die Sie für sich gewinnen können.

Dieses „Das-ist-wirklich-so" ist Ausdruck unseres „Wirklichkeitssinns". Robert Musil stellt diesen in seinem Roman „Der Mann ohne Eigenschaften" dem Möglichkeitssinn gegenüber: Jenes Gespür, in einer Situation, in uns selbst, in anderen und dem Leben Möglichkeiten zu sehen, die außerhalb des vom „Wirklichkeitssinn" unserer Rolle vorbestimmten Horizonts liegen.

In diesem Sinne schreibt Goethe: „Wenn man den Menschen so behandelt, wie er zu sein scheint, dann macht man ihn schlechter, als er ist. Wenn man ihn aber so behandelt, als wäre er bereits das, was er potentiell sein könnte, dann macht man ihn zu dem, was er sein sollte."

Praktische Nothelfer

Zwei kleine Übungen aus dem Umfeld der Kurzzeittherapie unterstützen Sie dabei, sich von Interpretationen zu lösen, um Freiheit für angemessenere, neue zu gewinnen. Und angemessen heißt hier: Ihrer tatsächlichen Reife entsprechend. Denn die Überzeugungen, die den größten Teil unseres Lebens unsere Entscheidungen, unser Verhalten und unser Erleben prägen, werden nicht von „Experten des Lebens" getroffen. Wir sind noch nicht trocken hinter den Ohren, aber wissen schon, dass Jungs blöd und Mädchen zickig sind, das Leben nicht fair und Verlieben gefährlich ist, weil es verletzlich macht, wir besser kein Risiko eingehen, weil Scheitern peinlich ist. Wir legen so unser kostbares Leben in die Hände des Kindes, das wir waren.

Sie können zwei Methoden anwenden, um die „Bedeutungsschwere" aus einer Erfahrung zu nehmen, die Sie veranlasst hat, eine bestimmte Überzeugung zu vertreten. Probieren Sie es gleich mal aus: Vergegenwärtigen Sie sich eine Situation, die schmerzhaft und sehr prägend für Sie war. Schließen Sie die Augen und lassen Sie die Situation wie ein Video vor Ihrem geistigen Auge abspielen. Wenn die Szene fertig ist, drücken Sie auf den Rückspulknopf: Lassen Sie die Szene vor Ihrem inneren Auge ganz schnell rückwärts laufen. Und dann spielen Sie die Szene noch einmal in Normalgeschwindigkeit vorwärts ab.

Vermutlich werden Sie schon nach dem ersten Mal bemerken, dass es schwerer fällt, die Situation als tragisch und folgenreich zu empfinden. Spätestens, wenn Sie den Schnellrücklauf ein zweites Mal betätigen, werden Sie den Effekt bemerken.

Eine andere, ebenso wirksame und einfache Übung: Vergegenwärtigen Sie sich bei geschlossenen Augen erneut die Situation, als wäre sie ein Film. Dieses Mal stellen Sie sich Begleitmusik zu dieser Situation vor: heiteren Dixieland-Jazz, Ragtime oder ein verstimmtes Klavier, das einen Stummfilm-Klamauk begleitet.

Spätestens jetzt wird es Ihnen schwer fallen, den Vorfall noch als „tragisch", „tief" oder „folgenschwer" zu empfinden. Wenn dieses Empfinden nicht mehr so stark ist, müssen Sie auch nicht mehr so sehr an der entsprechenden Überzeugung festhalten, mit der Sie sich vor einer möglichen Wiederholung dieser Situation schützen wollten.

Versöhnung

Versöhnung befreit Sie, weil Sie an die vergangene Erfahrung nicht mehr durch einen „Schuldschein" gebunden sind. Wenn ein Kredit getilgt ist, haben Sie mit der Bank nichts mehr zu tun.

Mit wem werde ich mich heute versöhnen, den ich schon zu lange warten ließ?

Versöhnen Sie sich mit Menschen, denen Sie etwas vergeben müssen und bitten Sie um Vergebung, sofern Sie das nicht im Rahmen der Wiederherstellung Ihrer Integrität getan haben. Schreiben Sie zunächst einen Brief, um sich vorzubereiten – später können Sie den Brief abschicken oder ein persönliches Gespräch führen.

Wenn Sie andere um Vergebung bitten, erfahren Sie möglicherweise, was die andere Person aus dem zu Vergebenden in ihrem Leben erkannt und gewonnen hat. Das wäre dann neben der allgemeinen Erleichterung ein zusätzliches Geschenk für Sie.

Denken Sie auch daran, sich mit sich selbst zu versöhnen. Suchen Sie sich etwas, das Sie nachhaltig beschäftigt und in Ihrer Lebensfreude einschränkt. Schreiben Sie, was es war, das Sie sich nicht verziehen haben, und welche Entscheidung Sie damals über sich, andere oder das Leben getroffen haben. Vergegenwärtigen Sie sich, welche Auswirkungen diese Entscheidung auf Ihr weiteres Leben hatte. Und dann vergeben Sie sich selbst, diese Entscheidung getroffen zu haben und sich selbst zugemutet zu haben, die Folgen dieser Entscheidung solange ertragen zu müssen.

Wofür bestrafe ich mich noch heute – obwohl es längst gesühnt ist?

In gleicher Weise können Sie sich an eine Person wenden, der Sie bisher noch nicht vergeben haben. Schreiben Sie, was passierte, was Sie damals entschieden und wie Sie unter der Entscheidung gelitten haben. Und schreiben Sie, dass Sie der Person vergeben.

Überlegen Sie auch, ob Sie ehemaliger Geliebter oder Lebensgefährten gedenken wollen. Oft genug sind wir gegenüber Menschen, mit denen wir eine Liebesbeziehung hatten, besonders ungerecht. Am Anfang der Beziehung sind sie Prinzen oder Herzensköniginnen, und am Ende Idioten oder Schlampen. Am Anfang ist alles an ihm oder ihr nur großartig und am Ende alles nur schlecht. Gerechter wäre es, wenn Sie sich bewusst machen, welche schönen Erfahrungen und welche persönliche Entwicklung Sie in der Beziehung erlebten. Besonders aufrichtig wäre, wenn Sie sich bewusst werden, wie *Sie* möglicherweise zum Scheitern der Beziehung beigetragen haben.

Und wenn Sie dem Rat des indischen Yogis Bhajan folgen wollen, vergeben Sie Gott. Vergeben Sie ihm, dass er Ihnen dieses Leben in den Zwängen der Materie, getrennt von der göttlichen Quelle, zugemutet hat.

Üben Sie sich darin, alle Menschen gleichermaßen dem Tode unterworfen zu betrachten. Spüren Sie nach, ob Ihre Gefühle für Menschen sich wandeln, wenn Sie sie als sterbliche Wesen sehen. Mit dieser Betrachtung wachsen Mitgefühl und Respekt sowie die Bereitschaft zu vergeben.

Das Tor zum Leben: Ihre Eltern

Das Maß an Freude, Erfüllung, Freiheit und Stärke wächst rapide, wenn Sie sich mit Ihren Eltern versöhnen, sofern Sie dies nicht längst getan haben. Versöhnen Sie sich, egal ob sie noch leben oder nicht.

Natürlich wird jeder viele Gründe finden, den Eltern Vorwürfe zu machen. Manche haben sogar entschieden, ein lebendiger Vorwurf zu werden, indem sie ein leidvolles Leben führen, das den Eltern beweist, wie sehr diese versagt haben. Eltern sind, wie wir selbst, menschlich und damit unvollkommen. Die meisten Eltern geben sich größte Mühe, das Beste für ihre Kinder zu geben – Sie wissen das, wenn Sie selbst Kinder haben. Dennoch wird es immer etwas geben, woran Kinder Anstoß nehmen können.

Und es gibt Eltern, die tatsächlich Ihre Kinder vernachlässigten, sie vielleicht allein ließen oder misshandelten. Vor allem in solchen Fällen kann es sehr, sehr schwer fallen, einen versöhnlichen Blick auf die Eltern zu gewinnen.

Was gewinne ich, wenn ich – auch rückwirkend – den Anspruch an meine Eltern etwas herunterschraube?

Was auch immer Ihre Eltern getan oder unterlassen haben – Sie können sehr leicht einen versöhnlichen Blick auf Ihre Eltern gewinnen, wenn Sie versuchsweise annehmen, die einzige Aufgabe von Eltern wäre: Ihnen das Leben zu schenken. Alles andere ist gewissermaßen eine Bonusgabe.

Da Sie dieses Buch lesen, müssen Sie lebendig sein. Folglich haben Ihre Eltern ihre Aufgabe erfüllt.

Sie können außerdem überlegen, ob Sie bereit sind, folgenden möglichen Blick auf die Eltern zu werfen: Es war und ist nicht die Aufgabe Ihrer Eltern, Sie glücklich zu machen. Wenn Sie es genau nehmen, ist es fast unmöglich einen anderen Menschen – ob Kind, Freund, Lebensgefährte – glücklich zu machen. Nur man selbst kann sich glücklich machen oder die Bereitschaft an den Tag legen, glücklich zu sein – vor allem, wenn Sie berücksichtigen, wie sehr unsere eigenen Interpretationen von Ereignissen unser Erleben beeinflussen. Ziehen Sie zuletzt auch in Betracht, was aus Kindermund zu vernehmen war: „Ich habe mir meine Eltern selbst ausgesucht!"

Wenn Sie aus diesen möglichen Blickwinkeln Ihre Eltern betrachten – fällt es Ihnen dann leichter, sich zu versöhnen?

Im Hinblick auf Eltern, aber auch auf eine leidvolle Vergangenheit insgesamt, gibt es ein schönes Bild, das Ihnen helfen wird, Frieden zu schließen. Vielleicht ist es mit dem Leben wie mit dem Kino: Man kauft sich eine Eintrittskarte oder man kann den Film nicht sehen. Für manche war der Preis für die Eintrittskarte besonders hoch, d.h. diese hatten eine miserable Kindheit, schlechte Eltern oder anderweitig einen schweren Start. Jetzt aber sitzen Sie bereits im Kino des Lebens und schauen den Film. Dennoch können einige den Film nicht genießen, weil sie sich über den hohen Eintrittspreis ärgern. Aber das ist doch nun vorbei. Sie haben bezahlt, was immer Sie bezahlt haben. Da der Film längst schon läuft, können Sie die Karte auch nicht umtauschen. Machen Sie sich doch einfach die Freude – und genießen Sie den Film!

Verzicht und Fülle

Im Blick auf die Gegenwart oder die Vergangenheit wird uns immer etwas auffallen, das wir vermissen. Wenn wir das Leben aus dem Gefühl des Mangels betrachten, werden wir jedes Versäumnis beklagen. Aber haben Sie schon einmal ausprobiert, was passiert, wenn Sie heute freiwillig darauf verzichten? Was wird aus dem bisherigen Mangel, wenn Sie für gestern, heute und die Zukunft aufrichtig sagen: „Ich verzichte darauf!"

Jemand, der das Leben als Fülle betrachtet, kann leichten Herzens verzichten.

Die Wunderfrage

Ein bemerkenswerter Katalysator für Veränderungen und Wandel ist die Wunderfrage des lösungsorientierten Familientherapeuten Steve de Shazer. Viele wünschen sich eine Veränderung und nicht immer liegen die Wege dazu auf der Hand. Die verzweifeltste Maßnahme aus Ratlosigkeit wäre Selbstmord. Man könnte sagen, dass dem Gedanken an Selbstmord der Wunsch nach Leben, eben einem anderen Leben zugrunde liegt. Nur dass der Gedanke an Selbstmord auf einer ähnlich verwirrten Logik basiert, wie die Vorstellung eines eifersüchtigen Ehemannes, der seine Frau umbringen will, damit sie ihn nicht verlässt. Aber im Prinzip entspringt der Gedanke an Selbstmord einem Durst nach Leben, nach einem veränderten Leben.

Wenn es einen Bereich in Ihrem Leben gibt, in dem Sie eine Veränderung wünschen, ohne zu wissen, wie Sie diese Veränderung bewirken sollen, probieren Sie die Wunderfrage: „Angenommen, es würde eines Nachts, während Sie schlafen, ein Wunder geschehen, und Ihr Problem wäre gelöst. Wie würden Sie das merken? Was wäre anders? Wie würden Ihr Ehemann/Ihre Ehefrau oder andere Menschen in Ihrem Leben von dem Wunder erfahren – ohne dass Sie ein Wort darüber sagen? Was würden Sie anders machen?"

Durch den Fokus auf die Lösung wird diese Frage kraftvoll. Viele sind darin geübt, Probleme zu formulieren, Schwierigkeiten, Hindernisse und Hemmungen zu schildern, vergangene Verletzungen und deren Auswirkungen auf die Gegenwart zu beklagen. Weniger ausgeprägt ist die Fähigkeit, sich spezifisch eine gewünschte Zielvorstellung auszumalen. Beantworten Sie daher diese Fragen sehr präzise und sehr ausführlich. Ein guter Zeitpunkt dafür wäre tatsächlich die Zeit vor dem Schlafengehen. Und dann entspannen Sie sich. Gehen Sie im Geist Ihre Antworten noch einmal durch – und üben Sie sich in Gelassenheit: Seien Sie bereit, dass ein Wunder passiert – und seien Sie bereit, dass nichts passiert. Es wird passieren, was auch immer passiert, aber mit Zwang oder Verkrampfung wird gewiss gar nichts passieren.

Welchen Wunsch an mein Leben habe ich bisher noch nicht klar geäußert?

Üben Sie sich in den folgenden Tagen den Grad der Veränderung auf einer Skala von 0 bis 10 zu bewerten. Und wenn Ihr Ergebnis sehr niedrig ausfällt, fragen Sie sich, wie Sie das Ergebnis ein paar Punkte auf der Skala nach oben bringen können.

Ob der Wandel schnell oder langsam passiert – auf jeden Fall wird ein Wandel wahrscheinlicher, wenn Sie sich eine klare Zielvorstellung machen – wer das Ziel nicht kennt, für den ist jeder Weg der falsche. Damit Sie leichter Ihren richtigen Weg finden können, werden Sie sich im Folgenden mit dem Sinn Ihres Lebens und der Gestaltung Ihrer Zukunft befassen.

Der Sinn des Lebens

Im Vorgefühl von solchem hohen Glück
Genieß ich jetzt den höchsten Augenblick
Faust II

Obwohl der Tod die Schwelle zum Nicht-Sein ist, offenbart er sich dennoch dem Nachdenklichen als Quelle sinnvollen, schöpferisch gestalteten Seins. Betrachten Sie für einen Moment Geburt und Tod nicht als Anfang und Ende eines linearen zeitlichen Prozesses, sondern als zwei Dimensionen der Existenz. Mit der Geburt beginnt unsere physische Existenz, deren anfängliches Ziel das Überleben ist. Durch Erfahrungen, Erziehung und Ausbildung erwerben wir notwendiges Rüstzeug, das unser persönliches Fortbestehen in der Gesellschaft gewährleistet. Das Resultat dieses Lernprozesses ist die Identität, die Rolle als sozialer Überlebensmechanismus mit seinen reflexartigen Reaktionen.

Der Tod jedoch, als zweite Dimension der Existenz, und unser Wissen um unsere Vergänglichkeit fordern uns auf, etwas zu erschaffen, das über das pure Überleben hinausgeht. Wenn wir es zulassen, ist der Tod Anstoß dafür, bewusst zu wählen, wofür wir unser Leben einsetzen wollen. Der Tod, als ein zukünftiges Ereignis, kann also einen heilsamen, schöpferischen, tief greifenden und verwandelnden Einfluss auf die Gegenwart haben.

Bisher ging es darum, Erfüllung im Leben und Frieden im Sterben durch die Befreiung von Vergangenem zu fördern. Je weniger Ballast Sie tragen, je weniger Sie befürchten müssen, morgen, nächste Woche oder in einem Monat irgendeine „unerledigte Akte“ serviert zu bekommen, umso größer wird der Freiraum zur Gestaltung Ihrer Zukunft. Die Lebensmaxime oder das Lebensmotto kann Ihnen in Ergänzung zu Ihrer Vision der Verfassung, in der Sie sterben möchten, als Orientierung bei der Gestaltung der Zukunft dienen.

Noch geht es nicht um konkrete Planung. Wichtiger ist es, die Richtung zu kennen. Nur Ziele zu haben, führt zu Resignation oder Frustration, wenn Sie das Ziel nicht erreicht haben. Wenn Sie etwa das Ziel Gran Canaria haben und alle Flüge sind ausgebucht, sind Ihnen die Hände gebunden. Wenn Sie sich aber an der Richtung Süden orientieren, haben Sie unzählige weitere Ziele, die Sie ansteuern können. In diesem Sinne soll die Lebensmaxime Leitstern für Ihren zukünftigen Weg werden.

Den Sinn des Lebens finden

Menschen sind bereit, Mühe und Leid auf sich zu nehmen – solange es einen Sinn dafür gibt. Lebensaufgabe und Sinn sind die Quelle von Inspiration, Befähigung, Mut und Freude. Der therapeutische Ansatz der Logopädie nutzt sogar Sinn und Bedeutung zur Heilung: Menschen werden geheilt, wenn Sie den Sinn des ertragenen Leids verstehen.

Der Sinn oder die Aufgabe Ihres Lebens will gefunden werden. Es ist nichts, was Sie erfinden können oder jemand Ihnen geben kann. Und vielleicht werden Sie ihn nicht mit plötzlichem Erkennen auf einmal entdecken, sondern möglicherweise ist die Erkenntnis Frucht eines Entwicklungsprozesses.

Wann werde ich mich wieder etwas widmen, das mich begeistert und beschwingt?

Wenn Sie Ihrer Lebensaufgabe nachgehen, dann machen Sie idealerweise nur das, was Sie zu tun lieben. Aber realistischer gesagt: Wir leben eher zwischen den beiden Klippen Notwendigkeit und Lebensaufgabe. Mit der Zeit bauen wir eine Brücke zwischen den beiden und nähern uns unserer Lebensaufgabe an, bis wir schließlich fast nur noch auf einer Seite der Brücke bleiben. Anfangs sind wir mal mehr, mal weniger in Berührung mit der Lebensaufgabe.

Setzen Sie sich also auf die Fährte Ihrer Lebensaufgabe. Eine sehr einfache Spur sind jene Tätigkeiten, die Sie sich selbst und die vergehende Zeit vergessen lassen.

- Welche Tätigkeiten bewirken bei Ihnen das Gefühl, dass die Zeit verfliegt?
- Was haben Sie mit Leidenschaft getan, als Sie Teenager waren?
- Welche Tätigkeit haben Sie gerne getan und aufgegeben, als Sie älter wurden, um so mehr den Erwartungen anderer zu entsprechen?

Nehmen Sie sich etwas Zeit für diese Fragen, vielleicht ist es fruchtbar, in den nächsten Tagen immer wieder darauf zurückzukommen.

Die Lebensaufgabe als tatkräftiger Ausdruck des Sinns, den wir dem Leben geben, schließt Fähigkeiten oder Talente ein, denen wir einen ganz eigenen Stil verleihen und die für andere einen Beitrag darstellen. Unter „Beitrag" verstehen Sie bitte nicht ausschließlich etwas Wohltätiges oder Gemeinnütziges. Ein Beitrag ist einfach etwas, das für andere einen Wert darstellt – unabhängig davon, ob er dafür bezahlt oder nicht; sei es die Gabe, gut zuzuhören oder hervorragend zu kochen.

Wenden Sie also bei der Entdeckung des Sinns und Ihrer Lebensaufgabe auch den Blick auf Ihren Umgang mit anderen. Berücksichtigen Sie dabei, dass die Lebensaufgabe eine berufliche Ausdrucksform haben kann, aber nicht haben muss:

- Was schätzen andere an Ihnen?
- Wann haben Sie sich für etwas eingesetzt, das nicht Ihrem Eigeninteresse diente? Vielleicht haben Sie sogar ein gewisses Risiko auf sich genommen.
- Wobei bitten andere Sie um Unterstützung?
- Wobei würden Sie gerne um Unterstützung gebeten werden?
- Wen bewundern Sie hinsichtlich dessen, was er anderen zur Verfügung stellen kann?
- Welche Fähigkeiten, die ein Gewinn für andere wären, könnten Sie mit Leichtigkeit weiterentwickeln?

Sammeln Sie Ideen, Gedanken, Einsichten. Vergegenwärtigen Sie sich auch noch einmal das Kapitel „Das Leben feiern“ und Ihre Gedanken dazu. Lesen Sie sich noch einmal die Themenlisten in „Vorschau auf den letzten Film“ zu den Bereichen „Der Sinn des Lebens/Zeit der Erfüllung“ und „Das Leben feiern/Ermutigungen“ sowie Ihre Notizen durch. Schenken Sie dabei auch Ihren Vorbildern sowie deren und Ihren Werten Aufmerksamkeit: Entlang unserer Werte navigieren wir durch das Leben.

Sprachmagie

Als vorläufiges Ergebnis dieser Übung steht entweder ein griffiger Satz oder ein kurzer Text, der auf den Punkt bringt, was Ihnen in Ihrem Leben für Sie selbst und andere wichtig ist. Die Lebensmaxime als Quintessenz des Wesentlichen soll in eine Zukunft weisen, die sich von Ihrem gegenwärtigen Leben unterscheidet, indem Sie dem Wesentlichen mehr Raum geben.

Manchmal steht die Quintessenz eines Lebens als Inschrift auf dem Grabstein. Oder das Wesen und Wirken eines Menschen wird in Nachrufen gewürdigt. Ihre Lebensmaxime, die Ihre Lebensführung und -planung mit Sinn bereichern wird, soll an dieser Stelle als eine Art „vorweggenommener" Grabsteininschrift verstanden werden. So erschaffen Sie eine Zukunft, in deren Erfüllung und Verwirklichung Sie hinein leben werden.

Oft genug lassen wir uns bei der Lebensplanung durch Vorstellungen von „Richtig" und „Falsch" leiten oder von den Erwartungen anderer oder wir versuchen Fehler zu vermeiden. Diese Orientierung kann uns in die Irre führen oder in Situationen, in denen wir fragen: „Was hat das überhaupt noch mit mir zu tun?"

Von welchen Lebensumständen, in denen ich mich ausgenutzt fühle, werde ich mich verabschieden?

Die Lebensmaxime wird Erleben und Ausrichtung des Lebens wandeln. Denn die Macht der Sprache reicht weit über den alltäglichen Gebrauch als Medium der Beschreibung von Sachverhalten und Ereignissen oder dem Äußern von Bitten oder Anweisungen hinaus.

Mit Sprache lassen sich Sachverhalte und Erlebnisse erschaffen, die zuvor nicht existierten. Denken Sie etwa an die Menschenrechte. Für uns ist die Gültigkeit von Menschenrechten selbstverständlich, genauso wie die Notwendigkeit, sie zu schützen. Und im Grunde war die Idee der Menschenrechte schon tief in der christlichen Lehre verankert. Aber es ist nicht übertrieben, wenn wir sagen, dass Menschenrechte als einklagbares Recht eine „Erfindung" von Philosophen wie Rousseau sind, die kraft der Deklaration von Regenten erst bindende Wirkung erhielt. Erst in dem Moment der Deklaration eröffnete sich Bürgern die Möglichkeit, Verletzungen der Menschenrechte einzuklagen.

Ebenso wird Ihre Lebensmaxime Ihre Zukunft prägen und verwandeln können. Hier wirkt auch die Dynamik der bekannten „selbsterfüllenden Prophezeiung". Sie sagen voraus, wie sich Ihre Zukunft gestalten wird. Und Sie können dies, unabhängig von Ihren gegenwärtigen Umständen, da Ihr Leben sich gemäß Ihrer Absicht entfalten wird, sofern Sie Ihrer Lebensmaxime treu bleiben.

Außerdem wirkt die Dynamik der Sprache, die Sie bereits kennen lernten, Sinn rückwirkend zu erzeugen. Das gilt auf einen einzelnen Satz bezogen, aber auch auf ein gesamtes Gespräch oder ein ganzes Buch oder – ein Leben. Sie haben sicher schon die Erfahrung gemacht, dass Sie in einem Gespräch eine Absicht verfolgten und jeder Satz war auf diese Absicht ausgerichtet. Möglicherweise fiel Ihnen dann jemand ins Wort oder Sie stießen auf ein unerwartetes Gegenargument, aber Sie ließen sich nicht von Ihrer Absicht abbringen. Ihre Absicht zog Sie aus der Gegenwart in jene Zukunft, in der sie sich selbst erfüllte.

Entsprechend wird sich Ihr Leben gemäß der beabsichtigten Zukunft, Ihrer Lebensmaxime entfalten. Es wird Momente geben, da scheint es, als führten Sie das Leben eines Menschen, der überhaupt nichts mit dieser Maxime zu tun hat. Es wird Rückschläge und Durststrecken geben, nach denen Sie sich Ihre Lebensmaxime erst wieder bewusst machen müssen. Aber die Erlebnisse und Situationen, die ein lebendiger Ausdruck Ihrer Maxime sind, werden mit der Zeit immer häufiger werden.

Auf unbewusster Ebene haben Sie übrigens schon viele, viele Male in dieser Weise die prägende, Wirklichkeit und Erleben schaffende Macht der Sprache eingesetzt und deren Auswirkungen erlebt. Aufgrund einer bestimmten Situation sagten Sie zu sich selbst: „Ich bin schüchtern." „Ich bin klug." „Mir gelingt alles." „Ich bin feinfühlig." „Ich bin ungeschickt." „Ich muss erfolgreich sein." Und nachdem Sie dies deklarierten, begannen sich Situationen zu häufen, die Ihre Deklaration bestätigten – solange, bis Sie der Überzeugung waren, Sie oder das Leben wären wirklich so, wie Sie deklarierten. So wurden Sie zum Opfer Ihrer eigenen Kreation.

Worüber im Leben kann ich mich seltener beklagen und „beschweren", um so mein Leben leichter zu machen?

Wenn Sie wollen, können Sie diesen Bann vergangener Deklarationen durchbrechen, indem Sie zunächst folgende Deklaration sprechen: „Ich erkläre, dass ich die Freiheit und Kraft habe, zu deklarieren. Ich erkläre, dass ich die einzige Autorität bin, die Deklarationen, die mein Erleben des Lebens betreffen, aussprechen darf."

Nachdem wir schon viele Jahre gemäß alter, unbewusster Deklarationen lebten, könnten berechtigte Zweifel aufkommen, ob ein Wandel überhaupt noch möglich ist. Es ist möglich. Dank des Zaubers der Sprache, dem sich rückwirkend entfaltenden Sinn. Wie auch immer sich Ihre Vergangenheit bisher gestaltet hat – rückwirkend kann sie eine völlig neue Bedeutung bekommen, weil Sie Ihrem Leben eine Wende gegeben haben.

Wenn es Ihnen angemessen erscheint, können Sie Ihre vorhergehende Deklaration noch verstärken: „Ich erkläre, dass ich die Verantwortung für die Qualität meines Lebens übernehme. Ich erkläre, dass ich die Kraft und die Fähigkeit habe, die Richtung meiner Zukunft zu wandeln."

Lebensmaxime – Wappenspruch – Mission

Nutzen Sie Ihre Entdeckungen und Erkenntnisse der Untersuchung Ihrer Lebensaufgabe und dem Sinn Ihres Lebens als Material, um daraus den gemeinsamen Nenner, den roten Faden, die

Quintessenz herauszudestillieren. Das Ziel ist, als Deklaration einen Satz zu formulieren. Es kann ein kurzer Wahlspruch sein wie das bekannte „Einigkeit und Recht und Freiheit." Es kann ein Satz sein wie dieser aus dem Mission Statement von Greenpeace: „Greenpeace ist bestrebt, jene Denkweisen der Menschen zu beeinflussen, die sie von der Welt der Natur trennen." Schließlich kann es ein Text mit mehreren Sätzen sein, in dem entschlossen beschrieben wird, worum Ihr Leben geht, welche Zielsetzungen, welche Werte, welche Absichten es erfüllen soll.

Wählen Sie eine markante, griffige Sprache. Sie muss nicht unbedingt feierlich sein. Dalí sagte schlicht von sich: „Ich bin ein Genie." Ein bisschen egozentrisch vielleicht, aber für ihn war es angemessen – und von Erfolg gekrönt.

Die Sprachlichkeit soll vor allem Ihrem Wesen entsprechen und Sie begeistern. Vermutlich werden Sie eine Weile daran feilen. Vielleicht möchten Sie nachforschen, wie Wahlsprüche oder Wappensprüche formuliert sind, wie andere Menschen über sich oder ihr Leben sprachen. Sie können sich auch die bereits erwähnten „Mission Statements" von Unternehmen oder gemeinnützigen Organisationen als Anregung ansehen.

Worten Leben schenken

Entscheidender noch, als die druckreife Formulierung, sind Maßnahmen, die den Worten Substanz, Leib und Seele verleihen. Dalí hat fraglos jeden Aspekt seines Lebens der Genialität gewidmet – nicht nur seine Kunst.

Vor allem, wenn Ihre Lebensmaxime sich stark von dem unterscheidet, was Sie von sich selbst aus der Vergangenheit kennen, wird es kraftvoll sein, möglichst schnell Ihr Engagement auf die

Zukunft zu richten. Sie können beginnen, Tagebuch zu führen und zu dokumentieren, welche Situationen im Alltag als Zeichen für die Entfaltung Ihrer Maxime betrachtet werden können. Sie können dabei auch Situationen festhalten, in denen Sie gescheitert sind. Bevor die Menschenrechte im öffentlichen Bewusstsein verankert waren, gab es zunächst nur Verstöße einzuklagen – und dadurch wurden die Menschenrechte verwirklicht.

Sie können vor dem Einschlafen auf den vergangenen Tag zurückblicken und nach Situationen suchen, in denen Sie nicht gemäß Ihrer Maxime handelten. Vertiefen Sie Ihre Entwicklung, indem Sie sich bei geschlossenen Augen dieselbe Situation vorstellen, aber dieses Mal, als wären Sie Regisseur beim Film: Wählen Sie einen Verlauf der Situation, der Ihrer Maxime entspricht.

Sie können sich auch jeden Morgen eine kleine Handlung überlegen, die Ihre Maxime zum Ausdruck bringt. Wenn Ihr Wappenspruch lautet „Schönheit, Liebe und Freude", überlegen Sie, wen Sie anrufen könnten, um Ihre Liebe auszudrücken, oder wie Sie die Erfahrung von Schönheit machen können.

Wann habe ich zum letzten Mal meine Mitmenschen verblüfft?

Nutzen Sie den Einfluss, den Bilder auf das Unbewusste haben: Kleben Sie mit Bildern aus Illustrierten eine Collage, die möglichst viele Bereiche Ihres Lebens so darstellt, wie diese aussähen, wenn Ihre Deklaration schon zur Blüte gereift wäre. Arbeiten Sie mit Visualisierungen oder suchen Sie sich einen kleinen Gegenstand, der Sie als Symbol durch den Alltag begleitet.

Nutzen Sie Ihre Maxime als tägliche Inspiration. Wie Sie gesehen haben, erscheint in inspirierter Stimmung nicht nur die Vergangenheit in neuem Licht. Inspiration öffnet Sie auch für Erfahrungen, Fügungen und Begegnungen, die zu einer neuen Zukunft führen.

Zeit der Erfüllung

Ich habe in meinem Leben getan, was ich getan habe,
um am Ende meines Lebens nicht festzustellen,
dass ich es nicht voll gelebt habe.

Henry David Thoreau

Folgen Sie dem Leitstern Ihrer Maxime und beginnen Sie jetzt, sich Ihrer Wünsche, Vorhaben und Ziele bewusst zu werden. Aller Ziele: erfüllbare und unerfüllbare Ziele, vernünftige und „närrische", richtige und falsche Ziele, kurz- und langfristige Ziele, eigennützige und wohltätige Ziele. Beginnen Sie zu sammeln. Erinnern Sie sich auch daran, was Sie bedauerten, nicht mehr erlebt zu haben, als Sie sich vorstellten, heute zu sterben.

Bei manchen ist möglicherweise die Vorstellungskraft eingeschränkt, nicht nur, weil die meisten von uns normalerweise nicht über ein oder zwei Monate im Voraus planen. Es gibt auch andere Blockaden, etwa die Sorge, beim Verwirklichen eines Ziels erneut zu scheitern, oder die Selbstunterschätzung der eigenen Kraft.

In welche Winkel des Lebens habe ich noch nicht geschaut, in denen Erfüllung auf mich warten könnte?

Lassen Sie sich von vergangenen Enttäuschungen nicht einschränken. Wenn Ihnen beim Nachdenken über Ihre Wünsche und Ziele ein Kummer aus der Vergangenheit begegnet, nehmen Sie dies mitfühlend wahr. Und berücksichtigen Sie, wie lange Ihr Unbewusstes schon darauf wartet, sich von diesen alten Enttäuschungen und den daraus gezogenen Schlussfolgerungen über Ihr Leben frei zu machen, damit Sie endlich in der Gegenwart ankommen. Anders gesagt: Sie haben inzwischen wahrscheinlich ganz andere Möglichkeiten und Fähigkeiten als damals.

Die weit verbreitete Selbstunterschätzung der eigenen Möglichkeiten wird im folgenden Kapitel Thema sein. Stellen Sie sich im Moment als Ermutigung nur vor, dass wir Riesen sind, die von Zwergen erzogen wurden und daher etwas gebückt herumlaufen. Gebückt auch deshalb, weil wir fürchten, wir könnten die anderen erschrecken, wenn wir uns aufrichten.

Um jetzt Ihren Geist und Ihre Vorstellungskraft beim Formulieren Ihrer Wünsche von Einschränkungen zu befreien, genügt es, wenn Sie sich keine Gedanken darüber machen, wie Sie dieses Ziel erreichen könnten. Erlauben Sie sich, sogar widersprüchliche Ziele zu formulieren. Bewerten Sie Ihre Ideen noch nicht. Die zentrale Frage im Augenblick lautet: Was wollen Sie erleben, weitergeben, erreichen, damit Sie von sich sagen können, ein erfülltes Leben gelebt zu haben? Welche schönen Erfahrungen wollen Sie noch machen, was wäre für Sie und andere eine Freude, was sind heilende, versöhnliche Erfahrungen, was wollen Sie für oder mit anderen tun?

Im Folgenden werden wir zusammenfassend von Zielen sprechen. Das Wort „Ziel“ hat für manchen vielleicht einen unangenehmen Beigeschmack, es klingt nach Arbeit, großem Aufwand oder nach „Hauruck-Optimismus“. In diesem Zusammenhang soll „Ziel“ nur ein Kurzwort für Ihre Vorhaben, Wünsche, Anliegen, Erfahrungen oder Erlebnisse sein. In Gedanken können Sie „Ziel“ durch einen Begriff ersetzen, der Ihnen mehr entspricht.

Schreiben Sie also jetzt ohne langes Nachdenken die Ziele auf, deren Erfüllung Sie sich für die Zukunft wünschen.

Wenn der Strom der Einfälle langsam zu versiegen beginnt, betrachten Sie folgende Zielkategorien, die Sie vielleicht zu weiteren Ideen führen:

- Ziele, die eine einmalige Erfahrung bedeuten
- Ziele, die etwas, das Sie gegenwärtig haben oder tun, ersetzen würden
- Ziele, die Sie unbedingt erreichen möchten, bevor Sie sterben
- Ziele, für die es noch zu früh ist
- Ziele, für die es bereits zu spät ist
- Ziele, die Sie sich nicht vorzustellen wagen – auch weil sie zu Tratsch bei Bekannten und Verwandten führen könnten
- Ziele, die auch eine Bereicherung für andere, viele oder gar die Gesellschaft sind
- Wen beneiden Sie und wofür? (Neid kann Sie zu Zielen führen)
- Ziele, die Ihnen selbst und/oder anderen schaden würden; Ziele, die gegen die Gesetze verstoßen (Wie Sie später sehen werden, können auch Ihre „Schattenseiten“ Sie zu einem nachhaltigen Wandel führen.)
- Ziele, die zu erreichen Sie erheblich erleichtern würden (diese überschneiden sich vermutlich mit Vorhaben, die Sie im Zusammenhang mit Ihrer Integrität oder dem Abschließen der Vergangenheit formuliert haben)

Gönnen Sie sich in den nächsten Tagen die Entdeckung weiterer Ziele. Gestalten Sie weiter Ihre Vorstellung einer Zukunft, die Ihnen ein erfüllendes Leben bescheren wird.

Ein Leben wird aber nicht nur erfüllend durch Erlebnisse, die Sie sich wünschen. Das Leben wird auch herrlicher, sobald Sie sich von Zielen befreien, die Sie bis heute verfolgt haben, die aber gar nicht „Ihre“ Ziele sind. Betrachten Sie Ihr gegenwärtiges Leben und überlegen Sie, ob Sie möglicherweise Ziele aus falschen Gründen, als Kompensation oder aus Gewohnheit weiterverfolgen.

Falsch begründete Ziele müssen sehr klar von Notwendigkeiten unterschieden werden. Ob wir es wollen oder nicht, wir werden immer alltäglichen Notwendigkeiten unterworfen sein, zu deren Erledigung wir uns aufraffen müssen. Sie verfolgen ein Ziel aus falschen Gründen, wenn das Ziel eigentlich nicht Ihrer Lebensmaxime oder Ihren Werten entspricht, Sie es aber dennoch nicht aufgeben, weil Sie die Erwartungen anderer nicht enttäuschen wollen. Oder aber Sie haben in der Vergangenheit dieses Vorhaben in Angriff genommen, weil Sie sich etwas Bestimmtes davon versprochen haben, ohne dass jemals dieses Versprechen eingelöst wurde. Wie viele erhofften sich durch Wohlstand ein zufriedenes Leben und endeten nach Jahren harter Arbeit in einem Alltag, der von der Sorge um Verlust des Vermögens oder Anstrengungen, den Gewinn zu mehren, beherrscht wird.

Auf welche Luftschlösser werde ich verzichten, um frei zu sein, mein Lustschloss zu bauen?

Überlegen Sie auch, ob möglicherweise Ziele oder Gewohnheiten Ihr Leben bestimmen, die als eine Entschädigung dienen. „Wenn ich schon so hart arbeite, dann will ich wenigstens …" „Wo ich schon kaum Zeit für mich habe, muss ich doch zumindest …" Was immer Sie an Stelle der drei Punkte sagen würden, wird immer ein Trostpflaster sein. Zwar mildert ein Trostpflaster die Auswirkung dessen, wofür Sie sich entschädigen oder belohnen. Aber prüfen Sie, ob Sie sich so nicht selbst täuschen und nur notwendige Veränderungen vermeiden wollen.

Möglicherweise müssen Sie aus triftigen Gründen oder Notwendigkeiten dasjenige weiterverfolgen, wofür Sie einen Ausgleich schaffen wollen. Sollten Sie aber eine Wahl haben, kommen Sie einem erfüllten Leben näher, wenn Sie sich mit der Zeit Lebensumstände schaffen, unter denen Sie auf „Entschädigungen“ gerne verzichten können, weil Sie sowieso zufrieden sind.

Sofern Sie also gegenwärtig Ziele, Aufgaben, Tätigkeiten, Gewohnheiten verfolgen, die Sie nicht mehr triftig begründen können, überlegen Sie, ob Sie neue Ziele für diese Bereiche formulieren möchten.

Ziehen Sie ganz unabhängig von kompensatorischen Zielen, als möglichem Zugang zu Erfüllung in Ihrem Leben, in Betracht, auf etwas zu verzichten. Verzicht hat zunächst einen negativen Beigeschmack – aber wie sonst wollen Sie Freiraum für die wahrhaft erfüllenden Erfahrungen machen, wenn Sie nicht verzichten wollen? Notieren Sie sich, worauf Sie zukünftig verzichten wollen.

Sobald Sie den Eindruck haben, eine weitgehend vollständige Liste Ihrer Ziele erstellt zu haben, können Sie damit beginnen, die Ziele und Wünsche in Gruppen aufzuteilen:

- Ziele, die Sie unbedingt erreichen wollen, bevor Sie sterben
- Ziele, die einen hohen Einsatz an Zeit oder Geld benötigen
- Ziele, die sich gegenseitig ausschließen
- Ziele, die nicht ganz so wichtig sind
- Ziele, für die es zu spät ist

Befassen Sie sich anschließend mit einer weiteren, entscheidenden Frage. Einer Frage, die in unserer Zeit, angesichts beinahe schier unendlicher Möglichkeiten und Freiheiten, zu stellen vergessen wird: Wie viel ist genug? Dieser Frage müssen sich Süchtige stellen, wenn sich die Sucht auf etwas bezieht, das lebensnotwendig ist. Man kann auf Alkohol verzichten, nicht aber auf Essen oder

Sex. Doch auch, wenn Sie nicht süchtig sind, ist die Frage nach dem ausreichenden Maß heilsam. Manche Menschen sind nicht wegen ihrer Lebensumstände unglücklich, sondern allein aus der Überzeugung, es sei noch nicht genug, es fehle immer noch etwas – ohne jemals die Frage beantwortet zu haben: Wie viel ist genug?

Abschließend können Sie prüfen, in welchem Maße Ziele Ihren Werten oder Ihrer Lebensmaxime entsprechen. Jenen Zielen, die Ihnen voll und ganz entsprechen und die Ihnen gleichzeitig unverzichtbar erscheinen, geben Sie den höchsten Stellenwert, wenn es um deren Realisierung geht.

Ermutigungen

Wenn Sie ein Hindernis zu ernst nehmen, geben Sie ihm wachsende Kraft, bis es schließlich eine Blockade wird. Hindernisse sind einfach Hindernisse. Wenn sie erst einmal als Hindernisse erkannt sind, weisen sie Ihnen den Weg zu ihrer Überwindung.

Sogyal Rinpoche

Man kann nicht aus Angst vor dem Tod
auf Zehenspitzen gehen.

Anonymus

Eigentlich ist es merkwürdig, dass der Großteil der Menschen, obwohl den meisten bereits als Kind die Endlichkeit des Lebens bewusst wurde, ein Leben mit Kompromissen, Verzicht auf das Wesentliche oder gar einem Ausverkauf der eigenen Werte führt. Vielleicht können Sie aus den folgenden Anregungen den Impuls gewinnen, der Sie in Bewegung setzt, Sie ermutigt, Ihr Leben im Sinne des vorhergehenden Kapitels zu gestalten und sich für das Wichtige, Wesentliche und Wertvolle einzusetzen.

Die Komfortzone

Vielleicht ist es einfacher, als wir denken: Wir sind nur zu bequem und haben es uns in der so genannten Komfortzone gemütlich gemacht. Die Komfortzone unseres Lebens besteht aus dem Vertrauten, in dem wir uns geborgen fühlen. Das Vertraute kann angenehm vertraut sein, aber selbst unangenehme oder leidvolle Umstände können zur Komfortzone werden, weil sich unsere

Rolle darin „zu Hause" fühlt. Sie erinnern sich – die Rolle schätzt gleich bleibende Bedingungen oder Erfahrungen, sogar wenn diese mit Leid verbunden sind.

Die Komfortzone erscheint als idyllische Oase in einer Wüste des bedrohlich Unbekannten. Eingezäunt ist diese Oase mit Stacheldraht – angeblich, um uns vor Eindringlingen von außen zu schützen. Aber tatsächlich will uns das Ego mit aller Macht zurückhalten, aufzubrechen und unser Glück im Unbekannten zu suchen.

Oasen sind Etappen der Erholung auf einer Reise – wo habe ich nach langer Rast vergessen weiterzureisen?

Für ein erfülltes Leben werden wir uns immer einen Ruck geben müssen. Wofür es sich lohnt zu leben, wird immer bedeuten, dass wir etwas wagen und es damit riskieren, abgelehnt zu werden, beispielsweise wenn wir mit feuchten, zitternden Händen vor einen geliebten Menschen treten, um ihm zaghaft unsere Liebe zu gestehen.

Am Vorabend großer Wendepunkte fühlen wir uns oft, als sollten wir von dem Vorhaben absehen. Die Komfortzone zu verlassen kann sich anfühlen, als würden wir aus dem behaglichen Wohnzimmer ohne Mantel in eine eiskalte Winternacht aufbrechen. Viele warten darauf, dass aus der Winternacht endlich ein lauer Frühling wird. Vergebens, denn für die Rolle erscheint das Unbekannte, die weißen Flecken auf der Landkarte des Lebens, die allein uns wirklich mit Entdeckungen belohnen können, immer wie die eiskalte Nacht. Hoffen Sie nicht auf den „Frühling", sondern beginnen Sie zu entdecken: Je mehr Sie sich daran gewöhnen, in Ihrem Engagement für ein sinnvolles, erfülltes Leben die Komfortzone zu verlassen, umso schneller werden Sie entdecken, wie aufregend, interessant und herrlich es ist, sich immer wieder und häufiger außerhalb der Komfortzone zu bewegen.

„Eines Tages werde ich ...

Es soll Menschen geben, die selbst mit 80 noch denken: „Eines Tages werde ich ..." Die Beharrlichkeit, mit der sie ihre Anliegen aufschieben, wird nur übertroffen durch die Verkennung ihrer eigenen Vergänglichkeit.

Sie können sich Ihre Anliegen dringlich machen, wenn Sie sich Ihre verbleibende Lebenszeit vergegenwärtigen. Nehmen wir an, jemand hätte noch 30 Jahre zu leben. Das sind 30 Geburtstags-, Weihnachts- oder Sylvesterfeiern. Es sind rund 1.565 Wochen oder 10.950 Tage oder 197.100 Stunden (wenn wir täglich sechs Stunden Schlaf abziehen). Wenn Sie berufstätig sind und mit Ihrer Arbeitsstelle nicht zufrieden sind, dann müssten Sie eigentlich noch für jeden Tag des Berufslebens die acht Arbeitsstunden abziehen.

Es bleibt keine Zeit zu verlieren, und dennoch scheint ein Mensch, wenn er eine Investition von 197.100 Euro plant, sich mehr Gedanken zu machen, als wenn es um die Frage geht, welcher Aufgabe, welchem Ziel, welcher Erfahrung die 197.100 Stunden gelten sollen. Angesichts dieser Zahl sind wir Verschwender, wenn wir irgendeinem „Zeitvertreib" nachgehen.

Manchmal wird die Dringlichkeit – etwa durch einen Todesfall in der Familie – bewusst. Wir neigen dann zu sagen: „Eigentlich müsste man sich ja viel mehr um das Wesentliche kümmern." Was immer auch dieses „Wesentliche" für den Einzelnen ist – vielleicht üben Sie sich darin, zu sagen: „Ich werde mich von nun an um das Wesentliche kümmern."

... nichts mehr aufschieben"

Neben Dringlichkeit ist ein äußerst wirksames Mittel gegen Aufschieben die Planung. Wenn wichtige Vorhaben keinen konkreten Termin bekommen, werden sie vielleicht niemals umgesetzt. Das gilt für einen kleinen Ausflug oder Besuch von Bekannten genauso wie für größere Vorhaben – für alles, das Sie „eigentlich endlich mal tun müssten" oder „immer schon tun wollten".

Sie könnten jetzt für sich selbst ein Zeichen setzen, indem Sie kurz auf die Liste Ihrer Vorhaben sehen, und sich einige auswählen, die Sie in Ihren Kalender eintragen und Zeit für sie reservieren.

Wo scheue ich im Privaten verbindliche Termine – und was kostet mich ein unverbindliches Leben?

Bei längerfristigen Zielen können Sie einen Trick aus dem Projektmanagement anwenden: Die retrograde, rückwärtsgerichtete Planung, bei der die Planung nicht von der Gegenwart, sondern von der Zukunft aus erfolgt. Sie wählen einen Zeitpunkt für die Zielerreichung. Unterteilen Sie die Zeit zwischen heute und dem Zieltermin in drei, vier Abschnitte und definieren Sie Meilensteine, Unterziele, die unbedingt erreicht werden müssen, damit das große Ziel erfüllt werden kann. Gehen Sie dabei von der Zukunft aus rückwärts vor, bis Sie in der Gegenwart angekommen sind.

Obwohl gerade wichtige, längerfristige Ziele inspirierend sind, schrecken wir oft vor der großen Kluft zurück, die sich zwischen der Gegenwart, in der nichts darauf hinweist, dass je das Ziel erreicht wird, und der Zukunft, in der das erfüllte Ziel steht, abgrundtief auftut. Aber sobald Sie den Weg dorthin in kleine Etappen aufgeteilt haben, werden Sie bemerken, wie fast ganz alltägliche Maßnahmen von einem zum nächsten Meilenstein führen – ein Telefonat, eine Verabredung, ein Brief.

Bestärken Sie Ihre Zuversicht weiterhin, indem Sie einen lebhaften Eindruck Ihrer Lern- und Wandlungsfähigkeit gewinnen: Betrachten Sie Ihr Leben aus der Vogelperspektive. Zeichnen Sie von links nach rechts einen Zeitstrahl mit Jahreszahlen vom Geburtsjahr an bis zur Gegenwart. Dann notieren Sie mindestens fünf Lernbereiche untereinander, links neben den Zeitstrahl. Die Lernbereiche können sein: eine Sprache, die Sie in der Schule gelernt haben, ein Musikinstrument oder eine Sportart, eine handwerkliche Tätigkeit. Berücksichtigen Sie ebenso Ihre persönliche Entwicklung; Sie haben vielleicht die Scheu überwunden, auf Menschen zuzugehen, haben gelernt ein Team von Mitarbeitern zu führen, wurden gewandter im Umgang mit dem anderen Geschlecht, haben Ihre Ernährung umgestellt etc. Erkennen Sie so, welcher Wandel möglich ist, wenn Sie sich Zeit dafür geben – und beginnen. „The Wind of Change“ ist keine Böe, sondern eine stetige Brise mit langem Atem.

„Was sollen die anderen denken …

So wie im Theater will auch unsere Rolle im Leben dem Publikum gefallen: Wir wollen gut ankommen. Ein Großteil von uns verzichtet auf die Erfüllung eigener Anliegen, Wünsche oder Ziele, aus Sorge, wie andere darüber denken könnten. Die größte Furcht ist, „vor leerem Haus zu spielen“. Aber für jede Bühne gibt es ein Publikum. Wenn wir uns wandeln, lassen wir möglicherweise Menschen zurück – aber nur, um neuen Gefährten und Freunden zu begegnen.

Sie können sich von dieser „Gefallsucht“ befreien, wenn Sie den Fakten ins Auge sehen: Es ist nicht so wichtig, was die Leute reden. Nehmen Sie die Meinung anderer, deren Tratsch und

Klatsch, die befürchtete Ächtung nicht so ernst. Machen Sie sich bewusst, dass Sie spätestens im Sterben auf sich selbst gestellt sind, selbst wenn Sie im Kreis Ihrer Liebsten sterben: Sie müssen Ihr Leben vor sich selbst verantworten.

Die Meisten, die in diesem Sinne mal „aus der Rolle tanzen" wollen, führen eigentlich nichts Schlechtes im Schilde – sie wollen sich rückhaltlos zum Ausdruck bringen, laut, fröhlich, lebendig; wollen sich an engagierten, ungewöhnlichen Projekten beteiligen; wollen sich hinsichtlich ihrer spirituellen, sexuellen, politischen oder philosophischen Orientierung nicht anpassen. Und dennoch verzichten sie darauf, um ja nicht aufzufallen oder anzuecken. Am Ende eines solchen Lebens liegt ein „skandalfreier" Leichnam im Sarg, der noch die Hälfte der Lebensenergie übrig hat, da sie nicht im Feuer der Erfüllung der eigenen Träume, Visionen und Ambitionen verzehrt wurde.

Für die vor den Augen der anderen verborgenen Aspekte der Seele prägte C. G. Jung den Begriff des Schattens. Die Durchschnittsperson, die wir zeigen, ist der Rest unseres Wesens, der bleibt, nachdem alle Eigenschaften und Verhaltensweisen, die unser Umfeld ächtet, verdrängt wurden. Wir leben als „gemeinsamer Nenner" unseres Umfelds. Normalerweise versteht man unter den Schattenseiten die „bösen" Aspekte. Jung jedoch betonte, dass auch überdurchschnittlich „gute" Aspekte, Talente, Fähigkeiten und Eigenschaften vom Umfeld „geächtet" werden, und somit zu Schattenseiten werden. Schließlich wollen oder sollen wir mit unserer Begabung andere, die in diesem Bereich weniger talentiert sind, nicht beschämen.

Gebe ich manchmal den Menschen in meinem Leben die Schuld dafür, dass ich nicht so lebe, wie ich will?

Die Hinwendung zu den Schattenseiten kann enorme Energie freisetzen und neue Wesenszüge erschließen. Wenn Sie damit in Berührung kommen wollen, wird ein Blick auf jene Ziele der Kategorie „Ziele, die Ihnen selbst und/oder anderen schaden würden" sinnvoll sein. Überlegen Sie, ob dem zunächst destruktiven, dunklen Antrieb nicht ein positiver Wunsch zugrunde liegt, der sich verdüsterte, weil er nicht wahrgenommen wurde.

Sie können sich fragen, welche Qualität Sie mit dem Ziel in Ihr Leben bringen möchten – und überlegen, ob es vielleicht einen anderen Weg gibt, den gewünschten Zustand herzustellen. Wenn Sie etwa überlegen, sich von Ihrem Lebensgefährten zu trennen, um frei für eine neue Liebe zu sein, dann geht es Ihnen vielleicht eher um ein höheres Maß an Leidenschaft oder Liebe, das vielleicht auch in Ihrer gegenwärtigen Beziehung erfüllbar ist.

Wenn Sie den Eindruck haben, sehr von düsteren Vorstellungen oder zornigen Wünschen bestimmt zu sein, wird Ihnen sicher ein Therapeut, der nach Jungs Methoden praktiziert, einen Weg zur Integration der kraftvollen Reserven, die im Schatten geborgen sind, weisen können.

... vor allem, wenn ich scheitere?"

Auch ohne den Spott der anderen fürchten viele verständlicherweise die Erfahrung des Scheiterns. Es ist an sich schmerzlich genug, aber die Qual wird noch gesteigert, da uns die Überzeugung eingeimpft wurde, alles „richtig" machen zu müssen. Allein die Schule suggeriert mit Prüfungen, dass es darauf ankommt, etwas zu wissen und Fähigkeiten unter Beweis zu stellen. Und als gäbe es einen Schulabschluss des Lebens, erwarten viele von sich selbst, irgendwann einmal „fertig" zu sein.

Scheitern tut weh, denken viele – und nehmen Zuflucht zur schützenden Komfortzone. Ein trügerischer Schutz, wenn wir Helen Keller folgen, die in ihrem Buch „The Open Door“ über Sicherheit sagte: „Sicherheit ist vor allem Aberglaube. Sie existiert weder in der Natur, noch erleben die Kinder der Menschen sie. Gefahr zu meiden ist langfristig nicht sicherer, als ihr direkt gegenüber zu treten. Die Furchtsamen trifft es genauso oft wie die Wagemutigen. Das Leben ist entweder ein kühnes Abenteuer oder gar nichts.“

Gewöhnen Sie sich an das Scheitern. Begrüßen Sie es als Zeichen, dass Sie sich außerhalb Ihrer Komfortzone befinden, dass Sie etwas riskieren, um aus Ihrem Leben eine erfüllende Erfahrung zu gestalten. Und als Zeichen Ihres Lernens. Gehen Sie Ihr Leben und neue Vorhaben mit Anfängergeist an, mit der Haltung zu üben. Üben heißt, sich an Fehlern orientierend auf den Weg zur Meisterschaft zu machen.

Bevor Sie zu Grabe getragen werden, tragen Sie lieber die Vorstellung zu Grabe, perfekt zu sein. Keiner ist perfekt und es ist auch nicht erstrebenswert, es zu werden. Die Intensität der Lebendigkeit, Authentizität und Freude steigt in dem Maße, wie wir darauf verzichten können, stets eine „gute Figur“ zu machen, die den Eindruck erweckt, alles im Griff zu haben.

Unvorhersehbare Unterstützung

Alles im Griff zu haben ist ja nicht nur anstrengend – es ist langweilig, weil sich das Leben in kontrollierten, vorhersehbaren Bahnen abspielt. Die Kontrolle aufgeben und sich erfüllenden Vorhaben hinzugeben, gibt dem Unvorhersehbaren Raum zu wirken. Der Himalaya-Bergsteiger William Hutchinson Murray beschrieb dieses Wunder so: „In dem Moment, in dem man sich einer Aufgabe verschreibt, bewegt sich die Vorsehung auch. Alle möglichen Dinge, die sonst nie geschehen waren, geschehen, um einem zu helfen. Ein ganzer Strom von Ereignissen wird in Gang gesetzt durch die Entscheidung; und der sorgt zu den eigenen Gunsten für zahlreiche unvorhergesehene Zufälle, Bewegungen und materielle Hilfen, die sich kein Mensch vorher je so erträumt haben könnte. Was immer du tun kannst oder erträumst zu können, beginne es. Kühnheit besitzt Genie, Macht und magische Kraft. Beginne es jetzt."

Im Hinblick auf die Selbstunterschätzung unserer eigenen Kraft mag Sie Marianne Williamsons Appell beflügeln: „Unsere größte Furcht ist es nicht, unzureichend zu sein. Unsere größte Furcht ist, dass wir über alle Maße kraftvoll sind. Es ist unser Licht, nicht unsere Dunkelheit, das uns am meisten ängstigt. Wir fragen uns: ›Wie komme ich dazu, mich für brillant, prachtvoll, talentiert und herausragend zu halten?‹ Eigentlich müssten wir uns stattdessen fragen: ›Wie komme ich dazu, es nicht zu sein?‹ Du bist ein Kind Gottes. Wenn du dich klein machst, erweist du der Welt keinen Dienst. Da ist nichts erleuchtet daran, wenn du dich so klein machst, dass sich andere Menschen um dich herum nicht verunsichert fühlen.

Wir sind geboren, um die Herrlichkeit Gottes, die in uns ist, zu verkörpern. Sie ist nicht nur in einigen von uns – sie ist in jedem von uns. Und wenn wir unser eigenes Licht strahlen lassen, geben wir unwillkürlich auch anderen die Erlaubnis, dasselbe zu tun. Wenn wir uns von unserer eigenen Angst befreit haben, wird unsere Gegenwart automatisch auch andere befreien."

Marianne Williamson, Rückkehr zur Liebe. Harmonie, Lebenssinn und Glück durch „Ein Kurs in Wundern", dt. Ausgabe in der Übers. v. Susanne Kahn-Ackermann ersch. 1993 im Wilhelm Goldmann Verlag, München, einem Unternehmen der Verlagsgruppe Random House GmbH

Nach ihrem Tod wurde Rosa Parks im Oktober 2005 als erster Frau die Ehre zuteil, im Kapitol aufgebahrt zu werden, sodass Zehntausende von ihr Abschied nehmen konnten. Rosa Parks war eine ganz gewöhnliche Farbige, die in den USA den Prozess der Aufhebung der Apartheid ins Rollen brachte, indem sie sich vor 50 Jahren weigerte, im Bus den eigentlich Weißen vorbehaltenen Sitzplatz zu verlassen.

Möglicherweise ist es nicht Ihr persönliches Ziel, die Welt aus den Angeln zu heben, aber keiner von uns hat das Recht zu behaupten, wir hätten den Hebel nicht in der Hand. Überlegen Sie, ob Sie nicht wenigstens ein Ziel verfolgen möchten, das nicht eigennützig ist. Auch wenn Sie nur einem einzigen Menschen etwas beitragen, das dieser aus eigener Kraft nicht leisten kann, würde das Ihrem Leben tiefe Befriedigung und Sinn schenken.

Ich sehe rot: Der Zug ist abgefahren

Das Gefühl, nur noch die Rücklichter des abgefahrenen Zugs zu sehen, könnte aufkommen, wenn ein Ziel faktisch nicht mehr möglich ist oder wenn die verbleibende Lebenszeit nicht mehr ausreicht. Wenn Sie sich am Bahnsteig der Zeit zurückgelassen fühlen, verabschieden Sie sich von der verständlicherweise aufkommenden Resignation, aber nicht von Ihrem Anliegen. Denken Sie darüber nach, worum es bei den Vorhaben geht: Es geht darum, Ihre Lebensmaxime oder die Ihnen wichtigen Werte mit Leben zu füllen, ein erfülltes Leben zu gestalten und durch Ihr Denken und Handeln die emotionale Verfassung, in der Sie von Ihrem Leben Abschied nehmen wollen, in Herz, Seele und Geist zu verankern.

Anstatt das Bedauern zu mehren, indem Sie sich grämen, auf das Ziel verzichten zu müssen, können Sie darüber kontemplieren, auf welchem anderen Weg Sie den Wert oder Ihre Maxime in Ihrem Leben aufblühen lassen. Sie könnten jemand anderen, der zu diesem Ziel unterwegs ist, fördern und begleiten.

Wo trauere ich versäumtem Leben nach und erkenne daher nicht die Gelegenheiten von heute?

Im Extremfall könnten Sie schlicht über dieses Ziel, das Sie ins Leben bringen wollten, und die damit verbundenen Werte meditieren und es visualisieren. Die Absicht ist entscheidend. Ergebnisse folgen der Absicht. Unsere Absichten für die Zukunft prägen die Gegenwart – erinnern Sie sich an das Beispiel eines Gesprächs, in dem Sie eine Absicht verfolgen und nicht sofort das Ergebnis erzielen. Die Absicht ist vorrangig, und wenn Sie meditieren, schenken Sie der Absicht Energie.

Und das wird nicht nur für Sie persönlich einen Effekt haben. Denn wir Menschen sind Teil eines lebendigen Netzwerks, das über für gewöhnlich nicht sichtbare Kanäle kommuniziert. Die Weltreligionen und Philosophen haben immer schon auf diese Verbundenheit des Lebendigen hingewiesen. Inzwischen beginnt dieser Gedanke auch in der Wissenschaft Einzug zu halten.

Der Biologe Rupert Sheldrake prägte den Begriff der „morphogenetischen Felder“, um einen Aspekt dieser Verbundenheit in die Naturwissenschaft einzuführen. Mit diesem Begriff bezeichnet er nicht lokalisierbare „Bibliotheken“ einer Gattung. Erwerben genügend Individuen einer Gattung eine neue Fähigkeit, steht diese Fähigkeit allen Individuen einer Gattung zur Verfügung. Diese Beobachtung wird auch „der Effekt des Hundertsten Affen“ genannt, in Anlehnung an eine Studie der Affenpopulation einer japanischen Insel, die begannen, im Meer den Sand von Kartoffeln abzuwaschen. Nach einer Weile wurde dieses Verhalten auch bei Affen anderer Inseln beobachtet, obwohl die anderen Affen das Putzen unmöglich abgeschaut haben konnten.

Ihre Absichten, Ihre Wertvorstellungen, Ihr Empfinden, Ihre Handlungen haben nicht nur für Sie persönlich Auswirkungen; Sie sind eingebunden in den faszinierenden Prozess der Evolution.

Unterstützung ersuchen

Wir müssen nicht alles selbst können – auch wenn die Rolle sich gerne damit brüstet: „Toll, das habe ich ganz alleine gemacht." Wenn wir uns daran gewöhnen, andere um Unterstützung zu ersuchen, können wir die Reichweite und Erlebnistiefe unseres Lebens ausdehnen. Andere um etwas zu bitten, ist auch ein Weg, Menschen an Ihrem Leben teilhaben zu lassen und Beziehungen zu vertiefen: Die meisten Menschen lieben es, für andere etwas zu tun. Nebenbei ist das Bitten eine gute Übung, mit der Erfahrung des Scheiterns und den damit verbundenen Emotionen umzugehen. Wenn jemand „Nein" sagt, nehmen Sie es nicht persönlich – das Nein ist keine Zurückweisung Ihrer Person, sondern eine Ablehnung Ihres Ersuchens.

Für manche Vorhaben kann Netzwerken sehr förderlich sein. Es heißt, dass wir über sechs Personen Zugang zu jedem anderen Menschen auf diesem Planeten haben: Jemand, den Sie kennen, kennt jemanden, der jemanden kennt … der den Bundespräsidenten kennt.

Eine professionelle Form der Unterstützung ist Coaching. Coaches nutzen Erkenntnisse der Psychologie, aber nicht um therapeutisch Leiden zu heilen, sondern als Katalysator für persönliche Entwicklung, als „Leiter" um Blockaden zu überwinden oder um neue Eigenschaften zu trainieren. Im Sport steht hinter jeder außergewöhnlichen Leistung nicht nur ein ambitionierter Sportler, sondern auch ein begabter Coach.

Durchbrüche, Geduld und Ausdauer

Ein Durchbruch ist ein spontanes Ereignis, das Menschen, die mit einer Fragestellung ringen, auf eine höhere Ebene der Erkenntnis, des Erlebens oder der Leistung katapultiert.

Nehmen Sie als Essenz dieser Ermutigungen auf Ihren Weg: Es gibt keine Hindernisse, nur unerwartete Ereignisse. Denn der Weg zum Ziel verläuft niemals wie geplant. Eine Situation erleben wir nur dann als Blockade, wenn wir nicht sofort erkennen, wie es weiter gehen soll. Als spontane Reaktion auf ein Hindernis neigen viele dazu zu denken, dass sie unzulänglich sind, die anderen schuld sind, oder das Ziel wohl doch das falsche war. Wenn Sie darauf vertrauen, dass jede Situation, die zunächst als Blockade erscheint, in sich den Keim zur Lösung enthält, der nur darauf wartet, erkannt zu werden, eröffnen Sie sich damit den Zugang zum Ziel und möglicherweise bewirken Sie sogar überraschende Ergebnisse, die übertreffen, was Sie zunächst geplant hatten. Das wäre dann ein Durchbruch!

Einen Durchbruch erleben Sie durch Geduld, Beharrlichkeit und durch zwei Fragestellungen:

- Welcher Gedanke oder welche Überzeugung bewirkt die scheinbare Unlösbarkeit der Situation? Vergleiche ich die gegenwärtige Situation mit einer vergangenen Situation und ziehe ich daher voreilige Schlüsse? Oder: Welche

Bedeutung gebe ich unangemessenerweise der Situation? So wertvoll Lebenserfahrung sein kann, wird *sie* selbst zum Hindernis, wenn sie unsere Wahrnehmung der Gegenwart trübt. Wir scheren die Komplexität des Lebens über den einen Kamm unserer eingeschränkten, von der Vergangenheit geprägten Sichtweise. Die Bedeutung, die wir einer Situation geben („Ich hab's eben nicht verdient", „Das Leben ist gegen mich", „Andere haben's leichter" etc.) kann uns ausbremsen. Obwohl die Situation eigentlich keine „Botschaft" enthält, nehmen wir manchmal ein Hindernis oder eine Blockade persönlich. Woraus sich die zweite Frage ergibt:

– Was erkenne ich nicht an der Situation (und ich habe bisher nicht erkannt, dass ich es nicht erkannt habe), das einen Weg zur Lösung weisen könnte?

Und denken Sie daran, manchmal ist das Gipfelkreuz im Nebel verborgen – wir glauben, wir kommen nie an, geben auf, obwohl das Ziel nur noch wenige Schritte vor uns liegt, wir haben es nur nicht erkennen können.

Den Tod umarmen

Wenn du gehen musst, dann geh
und mache sowenig Aufheben darum wie möglich.
Tao Chien

Ohne ein Ja zum Tod gibt es kein Ja zum Leben.
Anonymus

Sie werden sterben. Ich werde sterben. Die anderen werden sterben. Alle werden sterben. Die Kanzler und Präsidenten werden sterben. Die Manager und die Angestellten werden sterben, genauso wie die Workaholics und die Faulen. Die Heiligen und die Sünder werden sterben. Alles, was lebt, wird sterben. Die Nervensäge aus der Nachbarschaft wird sterben und auch der berühmte Popstar wird sterben. Ihre Feinde und Ihre Freunde werden sterben. Nobelpreisträger, Künstler und erst recht Hungerkünstler – alle werden sterben.

Genau besehen ist bereits der größte Teil der Menschheit verstorben. All diese Leichen, die Mutter Erde kompostiert hat. Jeder Schluck Wasser, den wir trinken, wurde schon mehrfach getrunken. Und unsere Mahlzeiten enthalten Atome und Moleküle, die zuvor schon einen Körper bildeten.

Sie werden sterben. Sie hinterlassen einen Sauhaufen oder Sie gehen in Ruhm und Ehre. Man wird mit Schaudern an Sie denken oder in Liebe und Dankbarkeit. Sie lassen zurück, was immer Sie zurücklassen – auf jeden Fall lassen Sie Ihr Leben zurück. Zwischen Geburt und Tod werden Sie erleben, was immer Sie erleben – und dann sterben Sie. Sie werden sich freuen, Sie werden leiden, Sie werden sich gegen den Gedanken der Vergänglichkeit sträuben – und dann sterben Sie. Sie werden Liebe machen, Geld machen, Kinder machen, Ihr Glück machen – oder einen Narren aus sich machen. Sie werden es schaffen oder werden scheitern. Und dann sterben Sie.

Der Tod ist weder schlecht noch gut. Der Tod ist keine Strafe und auch kein Lohn. Er ist weder gerecht noch ungerecht. Der Tod ist nicht Ende vom Anfang und nicht Anfang vom Ende. Der Tod ist ein Ereignis, dem wir gemäß unseres Charakters und religiösen oder kulturellen Hintergrunds Bedeutung verleihen – das hat aber nichts mit dem Tod selbst zu tun. Nicht der Tod an sich ist beunruhigend, sondern die Bedeutung, die wir ihm geben.

Vielleicht haben auch Sie als Kind mit Worten gespielt, indem Sie diese so lange wiederholten, bis Ihnen die Bedeutung verloren ging. Jüdische Mystiker empfehlen dieses Spiel als Form des Gebets, wenn man nicht weiß wie oder wofür man beten soll.

Probieren Sie es aus: Wiederholen Sie wieder und wieder – solange bis entweder etwas Wundervolles passiert oder Sie einfach nur frei von der Bedeutungsschwere sind: „Ich werde sterben." Sie werden sehen, es ist nicht einfach, nur diesen Satz zu denken oder zu sagen; automatischer Reflex ist, diesem Satz einen Gedanken oder ein Gefühl hinzuzufügen. Mit dieser Übung können wir uns aus diesem Morast von Bedeutungen und Vorstellungen befreien.

Vor dem Tod sind alle gleich. Der Tod ist nicht persönlich gemeint, Sie stehen nicht auf einer schwarzen Liste von Todeskandidaten, die von einer boshaften Macht zusammengestellt wurde. Alle Menschen sterben.

Auch das Leben ist nicht persönlich gemeint. Tod und Leben betreffen uns persönlich, ebenso wie wir bei Regen nass werden;

aber weder Regen, noch Tod, noch Leben haben es „persönlich“ auf uns „abgesehen“.

Daher auch die Anregung, das Leben als Leihgabe zu betrach ten. Anschauungen wie diese, machen es uns leichter, dem Leben nicht zu sehr anzuhaften. Und das stärkt uns gegenüber Schicksalsschlägen, vertieft aber auch unseren Genuss und die Lebensfreude. Glückliche Momente wiederholen sich schneller, wenn wir nicht aus „Geiz“ oder fehlendem Vertrauen daran festhielten und angestrengt Wege suchten, diese Momente zu erzwingen.

Üben Sie sich in Gelassenheit; denken Sie bei guten und schweren Momenten: „Auch das geht vorüber!“ Und vielleicht gewinnen Sie ganz neue, unerwartete Einsichten über Vergänglichkeit und Tod, wenn Sie bewusst in schönen, in Glücksmomenten an den Tod denken.

Auf welche Weise Sie sich auch dem Tod annähren, Sie werden Gewinn daraus ziehen. Nicht umsonst gehört die Meditation über den Tod in allen mystischen Traditionen zu den ersten und auch höchsten Meditationen. Und wer den Mut hat, sich den eigenen Tod bewusst zu machen, was könnte der im Leben fürchten?

Betrachten Sie die folgenden Anregungen als Einstieg, als Impuls, eigene Formen zu finden, den Tod zu akzeptieren und Frieden mit Vergänglichkeit zu schließen.

Schuldgefühle wegen des bevorstehenden Todes

In der amerikanischen Kultur der Jugendlichkeit wird Sterben als ein Fehler, ein Versagen angesehen, etwas Privates und beinahe Peinliches, über das man nicht reden sollte. Unsere prinzipielle Einstellung zum Tod ist, ihn zu leugnen. Jeder lebt so, als ob es keiner „wüsste".

Gail Sheehy, New Passages

Die durchschnittliche Lebenserwartung von Menschen ist heute höher als je zuvor. Und wir leben in einer Zeit, in der erheblicher Marketing-Aufwand um Gesundheit, Wellness und Fitness betrieben wird. Und je höher die Lebenserwartung wird, umso größer der Anspruch „jung" zu bleiben. Unsere Ernährung gleicht fast schon einer Form der Medikamentation und möglichst sollen wir auch eine „positive Einstellung" haben, um das Leben zu verlängern.

Der Eindruck entsteht, der Tod wäre ein vermeidbares Übel. Als die Film-Diva Zsa Zsa Gabor einen Schlaganfall erlitt, hieß es in den Medien, sie läge zwar auf der Intensivstation, sei aber schon auf dem Weg der vollständigen Genesung. Sobald Vergänglichkeit in Form einer Krankheit ins Bewusstsein tritt, müssen eilends Beschwichtigungen her. Man könnte fast meinen, wenn jemand stirbt, dann fehlte nur die richtige Behandlung.

Oder es ist Ihr eigener Fehler: Hätten Sie nur weniger geraucht, gegessen oder getrunken, hätten Sie mehr Sport betrieben und die Vorsorgeuntersuchungen genutzt … Im Nachhinein lässt sich meist etwas finden, das zum Tod einer Person beigetragen hat.

Wir leben in einer Kultur, in der vom kleinsten Elementarteilchen bis zu komplexen Systemen wie Volkswirtschaften alles beherrschbar erscheint. Einzig der Tod entzieht sich unserer

Kontrolle: Er kommt, wann er will und in welcher Gestalt er will. Und das ist ein Skandal, den wir durch Vorsorgemaßnahmen und Verdrängung der Vergänglichkeit verschleiern müssen.

Wenn Sie selbst betroffen sind und an einer tödlichen Krankheit leiden, dann belasten Sie sich nicht unnötig, indem Sie sich Vorwürfe aufbürden. Möglicherweise hat Ihr Lebensstil zu der Erkrankung beigetragen, sofern sie nicht ererbt ist. Aber, wie gesagt, bei fast jedem wird man im Nachhinein Derartiges finden können.

Anstatt sich mit müßigen Gedanken zu quälen, wie man es hätte vermeiden können und warum man es nicht vermieden hat, ist es wertvoller, davon abzulassen und die Zeit zu nutzen, sich von dem zu befreien, das belastet, sich dem zuzuwenden, das erfüllt, um sich gänzlich auf einen segensreichen Übergang vorzubereiten.

Memento Mori

Mitten wir im Leben sind
mit dem Tod umfangen.
Martin Luther

Die Mönche einer um 1600 gegründeten Bruderschaft pflegten einander mit „Memento Mori" – Bedenke, dass du sterben wirst – zu begrüßen. Daraus entwickelte sich die Tradition der Memento Moris, jener Bildmotive oder Symbole, die an die Vergänglichkeit erinnern.

Suchen Sie sich selbst ein Symbol, ein Bild, eine Skulptur, etwas, das den Tod symbolisiert. Auf vielen Schreibtischen stehen Familienbilder, warum nicht auch ein Bild von „Freund Hein"?

Die regelmäßige Erinnerung an die Vergänglichkeit wird einen heilsamen Einfluss haben. Wenn Sie bei wichtigen Entscheidungen einen Blick darauf werfen, erkennen Sie vielleicht, dass das Vorhaben den Aufwand nicht lohnt, oder Sie gewinnen den Mut, auch ein ungewöhnliches Anliegen anzupacken.

Sie sind schon mehrmals gestorben

Wenn Ihnen die Vorstellung der Reinkarnation vertraut ist, können Sie mit Unterstützung eines Reinkarnationstherapeuten das Sterben in einem früheren Leben nacherleben.

Aber auch in diesem Leben sterben wir mehrmals und erleben „Wiedergeburten". Im Sinne der psychischen Entwicklung – aber auch die Biomasse Ihres gegenwärtigen Körpers ist nicht mehr dieselbe wie zum Zeitpunkt Ihrer Geburt. Sie starben, als Sie aufhörten Kind zu sein und erwachsen wurden. Sie starben, als Sie aus welchem Grund auch immer, wichtige Freunde hinter sich ließen. Sie starben, als Sie sich von Vorlieben und Gewohnheiten verabschiedeten.

Beginnen Sie, sich Situationen, Ereignisse oder Gelegenheiten zu vergegenwärtigen, in denen Sie in diesem Sinne starben. Und fragen Sie sich, was Sie damals verloren – und was Sie damals gewannen. Beispielsweise ist es ein Verlust für Teenager, nicht mehr das behütete Kind zu sein – aber gleichzeitig gewinnen sie Freiheiten etwas zu vollbringen und zu erleben, das mehr ihrem eigenen Selbstausdruck entspricht.

Vor einem Übergang fällt es schwer uns vorzustellen, wie es danach sein mag, vielleicht haben wir sogar Angst. Aber nach einer solchen Transformation sind wir freier und weiser.

So wenig ein Kind die wirkliche Erwachsenenwelt erfassen kann, können wir das Dasein nach dem Tod begreifen. Als es für das Kind soweit war, ins Erwachsenendasein überzugehen, hatte es genügend Fähigkeiten, sich in dieser Welt zu orientieren. Vielleicht geht es uns nach dem Sterben ebenso.

Loslassen

Könnte es sein, dass ein Sonnenuntergang deshalb so erhaben und schön sein kann, weil instinktiv jede Begehrlichkeit, ihn besitzen zu wollen, angesichts der Vergeblichkeit dieses Wunsches verstummt? Fällt es Ihnen auch manchmal leichter, sich mit Freude zu engagieren, wenn es dem Vorhaben eines anderen dient?

Wenn wir nicht verhaftet sind und den Wunsch loslassen, etwas ergreifen zu wollen, steigt das Maß der Genussfähigkeit und das Leistungsvermögen. Wir können also – nicht nur im Hinblick auf das Sterben – erheblich gewinnen, wenn wir uns im Loslassen üben. Wir müssen doch nur dann an etwas festhalten – sei es an einer glücklichen Erfahrung, an einem Menschen oder an Besitz – wenn wir der Überzeugung sind, wir könnten zu kurz kommen. Wenn Sie sich im Loslassen üben, lösen Sie sich auch von dieser Vorstellung des Mangels, die hinter dem Antrieb zum Festhalten steckt.

- Sie können Loslassen üben, indem Sie sich Ihren Kleiderschrank ansehen und alles verschenken, was Sie seit einigen Jahren nicht mehr getragen haben. Oder verschenken Sie einen Gegenstand aus Ihrer Wohnung.
- Überlegen Sie, wo Sie in Ihrem Leben versuchen, die Kontrolle zu behalten – und dadurch möglicherweise sich selbst oder

anderen Schaden zufügen. Gelingt es überhaupt, wirklich die Kontrolle zu behalten?

- Gibt es Verhaltensweisen, zu denen Sie sich „getrieben“ fühlen? Dann denken Sie sich alternative Verhaltensweisen aus – nicht um „besser“ zu werden, sondern als Übung. Lesen Sie anstatt fernzusehen. Wenn Sie immer alles alleine schaffen müssen, bitten Sie jemanden um Unterstützung oder gehen Sie mit jemandem gemeinsam ein Vorhaben an.
- Gibt es verstorbene Verwandte oder Freunde, an denen Sie immer noch festhalten? Akzeptieren Sie deren Tod und lassen Sie los.
- Wenn Sie sich in ein Ziel verrannt haben, sich engagieren, ohne dem ersehnten Glück näher zu kommen, erwägen Sie, es loszulassen. Je länger das Engagement dauert, umso schwerer wird das Loslassen fallen: „Nach all den Jahren – das kann doch nicht umsonst gewesen sein!“ Aber wie viel größer ist der Verlust, sich auch noch die Zukunft zu verderben nur der Vergangenheit zuliebe? Ein Weg, der nicht zum Glück führt, wird auch dann nicht zum Glück führen, wenn man ihn endlos weitergeht.

Von der Freundlichkeit der Welt

Fast ein jeder hat die Welt geliebt,
wenn man ihm zwei Hände Erde gibt.

Bertolt Brecht „Von der Freundlichkeit der Welt“

Mit zwei Händen Erde, auf den Sargdeckel gestreut, verabschieden wir uns von einem Verstorbenen. Sobald es ans Sterben geht, erscheinen selbst die schlimmsten Stunden des Lebens begehrenswerter als das Unbekannte des Todes. Wenn sich vom Tode aus gesehen die Liebe zur Welt offenbart, wie wäre es, schon jetzt das Leben mit diesen Augen zu sehen?

Vermutlich kennen Sie die Empfehlung, alles mit neuen Augen zu sehen, als sähe man es zum ersten Mal. Wie wäre es, einmal einen Menschen, eine Blume, Ihre Wohnung so zu betrachten, als sähen Sie sie zum letzten Mal? Bringen Sie alles, was Sie über das, was Sie betrachten, wissen und erfahren haben in Ihr Bewusstsein – und fragen Sie sich auch, was Sie vielleicht bisher noch gar nicht wahrgenommen haben. Was immer der gegenwärtige Moment entgegenbringt – sehnen Sie sich danach!

Beständigkeit

Stellen Sie sich eine lange, lange Reihe von Ahnen hinter sich vor. Diese Reihe ist wirklich überwältigend. Gehen Sie Jahrhundert für Jahrhundert zurück und machen Sie sich bewusst, wie jeder dieser Ahnen letztlich zu Ihrer Geburt beigetragen hat. Lassen Sie sich Zeit und seien Sie fantasievoll. Stellen Sie sich die riesige Gesellschaft toter Männer und Frauen vor, die die weit verzweigten Äste Ihres Stammbaums ausmachen. Letztlich reicht dieser Stammbaum bis zum Beginn der Schöpfung: Ihre Existenz ist durch die Gesamtheit der Schöpfung bedingt.

Nun stellen Sie sich vor – unabhängig davon, ob Sie selbst tatsächlich Kinder haben oder nicht – dass Sie selbst der Ursprung eines solchen Stammbaums sind. Wir alle tragen mit unserem Leben den künftigen Generationen bei – sei es biologisch als Eltern oder durch unseren Beitrag zur Gesellschaft.

Nun visualisieren Sie eine lange, lange Reihe von Menschen – und Sie stehen mitten in dieser Reihe.

Ist das nicht wert genug, um als Wunder zu gelten – in dieser Weise ein Teil einer weit reichenden Ahnengalerie zu sein? Wenn weiter nichts am Leben wäre als nur dieses – wäre dies nicht schon würdig genug, bräuchte es noch irgendetwas, das man dem Heiligtum des Lebendigseins hinzufügen müsste?

Für mein Leben gern

„Schokoladenkuchen – esse ich für mein Leben gern!" – „Wagner – zum Sterben schön!" Vielleicht kennen Sie diese Redewendungen, mit der man seine höchste Begeisterung zum Ausdruck bringt. Süßigkeiten oder Oper in der einen Waagschale – und das eigene Leben in der anderen: Für diesen Hochgenuss lasse ich mein Leben!

Keiner meint es wörtlich. Und keiner würde sagen: „Das Leben? Zum Sterben schön!"

Einen Großteil unseres Lebens widmen wir unserem Überleben – ob in materieller oder psychischer Hinsicht. Fraglos ist der Überlebensinstinkt der älteste, der Fortbestand der Gattung hängt davon ab. Aber ein hohes Alter als einziger Lebenszweck? Erfüllender ist es, sich einem Sinn, einer Leidenschaft, einer Vision, einem Traum hinzugeben. Erfüllender als die Frage nach dem Zeitpunkt des Todes ist die Frage, wo unser Geist, unser Herz und unsere Seele sind, wenn wir sterben?

„Das Leben? Zum Sterben schön!" ist der Ausruf eines Herzens, das den Tod akzeptiert hat. Aber es fällt schwer, das Leben einschließlich des Todes zu lieben. Wir sind in dieser Hinsicht wie ein unreifer Liebhaber, der die Geliebte fallen lässt, sobald der Schleier romantischer Verliebtheit zerreißt und einer ihrer Makel sichtbar wird. „Ich würde sie ja lieben, wenn sie nur nicht so ... wäre." Jemanden mit Makeln zu lieben erfordert reife, bedingungslose Liebe.

Vielleicht wäre eine reife, weise Form der Liebe zum Leben, die Vergänglichkeit soweit akzeptierend zu umarmen, dass der Drang zum Überleben sich nicht in Vorstellungen des ewigen Lebens nach dem Tod fortsetzt. Vielleicht verliert unser Leben nichts an Zauber, Süße, Großartigkeit, Schönheit, Wundern und Geheimnissen, wenn es kein Leben nach dem Tod gäbe. Vielleicht würde das Mysterium des Lebens noch rätselhafter. Vielleicht wäre das Leben noch segensreicher. Vielleicht würden wir sogar erkennen, dass sich die Ewigkeit dann bereits in der Gegenwart eröffnet, wenn wir das Leben tatsächlich als etwas Außergewöhnliches, Einmaliges und Einzigartiges umarmen. Bedingungslos. Ohne Erwartungen.

Freuen Sie sich darauf

Tod, wo ist dein Stachel?
Hölle, wo ist dein Sieg?
1. Korinther 15,55

Freuen Sie sich auf den Tod! Nicht aus Überdruss am Leben, sondern genauso wie man die ebenso existenziell bedeutungsvolle Geburt jedes Jahr feiert. Dabei ist die Geburt für denjenigen, den sie betrifft, alles andere als ein freudiger Vorgang: Der Geburtsvorgang ist schmerzhaft und bedrohlich – Sie werden durch einen sehr, sehr engen Tunnel gequetscht, gepresst, gedrückt und werden dann aus dem warmen, sicheren Mutterbauch hinausgeworfen in eine kalte, grelle, laute Welt. Für die anderen ist es eine Freude – aber für das Neugeborene zunächst ein Trauma. Ein

Trauma im Übrigen, das sehr viel mit unserer Beziehung zum Tod zu tun hat. Stanislav Grof vermutete, dass Menschen den Tod deswegen so sehr fürchten, weil sie das Trauma des Geburtsvorgangs auf das Sterben projizieren und fürchten, der Übergang vom Leben zum Tod wäre ebenso qualvoll.

Also, für die *anderen* ist die Geburt erfreulich. Und ebenso ist für die *anderen* der Tod eines Menschen betrüblich – weil sie an die eigene Vergänglichkeit erinnert werden und sie gezwungen sind, den Verstorbenen loszulassen.

Könnte ich es ertragen, wenn ich niemals sterben dürfte?

Was könnte jemand gewinnen, wenn er sich auf das Sterben freut? Was bringt es, dem Tod entgegenzusehen, neugierig zu sein, sich gut vorzubereiten, bewusst und fasziniert zu sein? Auf jeden Fall gewinnen Sie durch diese Haltung die Kraft der befreienden Wahrheit: Sie lösen sich aus der Verschwörung zur Leugnung der Vergänglichkeit. Sie umarmen das Leben einschließlich des Todes, machen es sich so zueigen, und gewinnen daraus authentische Kraft es zu gestalten.

Menschen, die den Tod umarmen, sind kraftvolle Menschen. Samurais etwa waren gefürchtete Krieger, die ohne Zögern und ohne unnötige Verlängerung des Kampfes den Gegner attackierten, weil sie wussten, dass es kein Entrinnen vor dem Tod gibt. Entweder würden sie im Kampf sterben – oder aber, für den Fall einer Niederlage, die sie überlebten, durch den rituellen Selbstmord Seppuku. Glücklicherweise müssen die wenigsten von uns in dieser Weise ihr Leben aufs Spiel setzen. Aber könnte das Leben durch ein wenig von diesem Wagemut nicht spannender, reicher und erfüllender sein? Anstatt vorsichtig Wünsche und Ziele aufzuschieben, den Mund zu halten und nicht aufs Ganze zu gehen, aus Furcht vor Peinlichkeit oder Scheitern.

Wie wäre es mit einem kleinen Experiment – und Sie versuchen einfach, sich auf den Tod zu freuen? Wenn Sie probeweise aufrichtig denken oder sagen: „Ich freue mich auf den Tod!" Welches Echo hören Sie in Ihrem Inneren? Vielleicht sind es empörende Gedanken: „Das sollte man aber nicht denken!" „Das ist selbstsüchtig, so zu denken!"

Vielleicht kommt auch das Bedenken auf, Gleichgültigkeit dem Leben gegenüber wäre die Folge einer solchen freudvollen Beziehung zum Tod. Denn warum sollte man dem Leben noch eine Bedeutung geben, wenn irgendwann sowieso alles vorbei ist? Aber hören Sie auf, Kuchen zu backen, nur weil Sie wissen, dass er irgendwann einmal gegessen sein wird? Würden Sie aufhören Häuser zu bauen, nur weil Sie damit rechnen, dass in hundert Jahren das Haus wieder abgerissen wird?

Wenn Sie eine Weile mit dem Gedanken „Ich freue mich auf den Tod" experimentieren, entdecken Sie vielleicht eine existenzielle Pointe: Sobald Sie bedingungslos der Tatsache Ihrer Sterblichkeit zustimmen, werden Sie das Gefühl bekommen, für immer zu leben. In dem Moment, in dem Sie die unausweichliche Grenze Ihres Lebens konfrontieren und sie bejahen, überwinden Sie sic und gewinnen daraus enorme Freiheit und Kraft in der Gegenwart.

Denn Sie versuchen nicht mehr zu fliehen. Sie versuchen nichts mehr zu leugnen. Es ist ein kraftvoller Standpunkt, um allem, was Ihnen das Leben entgegenbringt, ins Gesicht zu sehen. Sie werden vermutlich auch nichts mehr in Ihrem Leben tolerieren, das nicht der Schönheit und Würde Ihres Lebens beiträgt.

Lebt wohl!

Könnte der gewöhnliche Mensch, wenn er im Sterben liegt, die illusionäre Natur seiner Identität durchschauen und erfassen, dass der wahre Geist ohne Form ist und weder kommt noch geht – dass seine Natur weder mit der Geburt beginnt noch mit dem Tod vergeht, sondern ganzheitlich und unbeweglich in ihren Tiefen ist, und dass der Geist eins ist mit den Erscheinungen der Umwelt, dann würde er blitzartig Erleuchtung erlangen.[1]

Huang-Po

Bisher war der Moment des Sterbens, so wie wir ihn wünschen, eine Vorstellung, von der aus wir das Leben aufräumten und gestalteten. Nun soll es um Vorbereitungen für das tatsächliche Sterben gehen.

Andere vorbereiten

Ihr Leben wird reicher, selbst wenn das Sterben noch in ferner Zukunft liegt, wenn Sie von Zeit zu Zeit innehalten und andere fragen:

- „Was möchtest du gerne mit mir erleben?"
- „Gibt es etwas, das du mir gegenüber zum Ausdruck bringen möchtest?"
- „Muss ich dich um Vergebung bitten für etwas? Wünschst du meine Vergebung in irgendeiner Angelegenheit?"

1 Im Original: „… im Sterben liegt, die fünf Elemente des Bewusstseins in ihrer Leere sehen und ganz erfassen, dass die vier physischen Elemente nicht ein ‚Ich' bilden, der wahre Geist …"

Wenn Sie mutig sind, wäre dies eine Gelegenheit, das Tabu des Todes unserer Kultur zu durchbrechen, indem Sie fragen: „Wenn ich bald sterben würde, gäbe es etwas, was du noch gerne mit mir erleben würdest?"

Ob Sie diese Fragen nun mit oder ohne Erwähnung des Sterbens stellen – auf jeden Fall werden Sie einen neuen Zugang zu anderen gewinnen können und zur Leichtigkeit Ihres Lebens und dessen der anderen beitragen. Und Sie sorgen so dafür, dass nach Ihrem Tod die Hinterbliebenen sich nicht traurig vorwerfen müssen: „Ich hätte so gerne noch ..., aber jetzt ist es zu spät!"

Abschied – ganz praktisch

Auch wenn Sterben der Übergang zu einer außerweltlichen Erfahrung ist, gibt es einige rechtliche und praktische Angelegenheiten zu regeln.

Denken Sie an eine finanzielle Vorsorge, falls andere auf Ihre finanzielle Unterstützung angewiesen sind. Lassen Sie sich beraten und legen Sie die Aufteilung Ihres Erbes in einem notariell beglaubigten Testament fest – und entlasten Sie so Ihre Hinterbliebenen von Erbstreitigkeiten.

Mittels Patientenverfügung und Betreuungsvollmacht sollten Sie bestimmen, wer Sie vertreten soll, falls Sie selbst nicht mehr in der Lage sein sollten, Entscheidungen etwa hinsichtlich Ihrer medizinischen Versorgung zu treffen.

Die Bestattung

Sie können sich auch überlegen, auf welche Aspekte der Bestattung Sie Einfluss nehmen möchten. Sie könnten verfügen, in welcher Kleidung Sie bestattet werden. Sie könnten einen Brief vorbereiten, der Ihre Hinterbliebenen von Ihrem Tod benachrichtigt. Sie könnten Zitate wählen, die bei der Trauerfeier berücksichtigt werden sollen und die Ihre Dankbarkeit für Ihr Leben ausdrücken.

Vielleicht möchten Sie auch den Trauergästen Vorschläge für das Zusammensein im Anschluss an die Bestattung geben. Sie könnten sie darum bitten, sich über ihre Liebe und Wertschätzung zum Leben zum Ausdruck zu bringen, oder anregen, einander etwas zu vergeben und sich zu versöhnen.

Den Sterbeprozess kennen

Jede Schwangere wird sich über den Geburtsvorgang informieren und ihren Körper auf die Geburt vorbereiten. Wenn Sterben eine Seite der Münze ist, die Leben heißt, deren andere die Geburt ist, warum dann nicht auch den Sterbeprozess kennen lernen? Der natürliche Tod im Sterbebett verläuft in Etappen, die bei den meisten Menschen ähnlich sind. Ein Gespräch mit einem Arzt oder einem Hospizverein könnte Sie damit vertraut machen.

Es wird Geist und Seele frei machen, sich auf ihr Ziel auszurichten, wenn Sie sich mit den körperlichen Vorgängen des Sterbens vertraut gemacht haben und diese so gefasster erfahren können.

Wenn der Tod auf sich warten lässt

Vermutlich kennen auch Sie persönlich Menschen, die alt wie Methusalem waren, ihr Alter aber trotz Gesundheit und klarem Geist nicht genossen, sondern des Lebens müde waren.

Richard Bach, Autor des Buches „Die Möwe Jonathan“, sagte, solange wir am Leben sind, ist unsere Mission noch nicht erfüllt. Vielleicht gibt es noch etwas aufzuräumen, zu erkennen oder sich von etwas zu lösen. Was immer die „Mission“ sein könnte, danach zu forschen, wird erfüllender sein, als sich darüber zu grämen, immer noch nicht gestorben zu sein.

Wem das Leben im Alter zur Last geworden ist, dem war es möglicherweise immer schon zu schwer. Dann wäre die Frage, wie Sie sich von dieser „Lebensschwere“ befreien können, möglicherweise mit der Unterstützung anderer.

Die Gefahr besteht andernfalls, das Wesen des Sterbens, des Todes und des Lebens zu verkennen, indem der Tod als Lösung für ein Problem betrachtet wird, die er nicht ist.

Memento Dei

Dieser gegenwärtige Moment, in dem Sie dieses Buch lesen, wird einmal Teil jenes Films sein, den Sie am Ende Ihres Lebens sehen werden. Was lässt sich daraus schließen, dass Sie diesen Moment ein zweites Mal erleben werden?

In diesem und jedem weiteren Moment sehen Sie sich selbst als Sterbendem ins Gesicht! Auf der Ebene der Erfahrung sind Sie Lebender und Sterbender zugleich – beinahe. Was Sie im Moment erleben – das Bewusstsein des Sterbenden ist Zeuge dessen.

Gönnen Sie sich einen Moment der Kontemplation über dieses merkwürdige Phänomen – und überlegen Sie, ob Sie das, was Sie zu tun vorhaben, etwas ist, das Sie im Moment des Sterbens noch einmal sehen wollen. Wenn Sie wollen, könnten Sie jetzt einen liebevollen Gedanken an Sie selbst als Sterbenden richten, als liebevolle Unterstützung.

Wenn Sie sich klar machen, dass Sie gerade den Film gestalten, den Sie als Sterbender sehen werden, könnten Sie es als sinnvoll erachten, Ihren Alltag mit Symbolen, Gesten oder Ritualen zu bereichern, die Sie an Ihren göttlichen Ursprung erinnern. Vielleicht wird es Ihre durch den Übergang des Sterbens in Aufruhr versetzte Seele besänftigen, wenn Sie in Ihrer Rückschau durch solche Symbole daran erinnert werden, zum Göttlichen oder dessen Gesandten Zuflucht zu nehmen. Der Alltag des mittelalterlichen Abendlandes war reich an christlicher Symbolik, so wie heute noch Teile Asiens vor Buddhastatuen und Stupas strotzen – im Hinblick auf den Film der Rückschau sicher eine kluge Maßnahme.

Die Ewigkeit – jetzt!

Dass es nichts zu erreichen gibt, ist keine leere Rede.
Wer dies versteht, befindet sich im Heiligtum.
Huang-Po

Frei von Reue und Bedauern, frei von Verzicht oder Verlust, frei von Anhaftung und Verstrickung – was bliebe am Tod noch zu fürchten? Wenn nicht die unbekannte Dimension des Jenseits und die Auflösung des Ichs. Wir können uns in Trost und Hoffnungen flüchten oder jeden Gedanken daran vermeiden. Oder uns tapfer auf den Weg machen und schon im diesseitigen Leben das Jenseits erkunden und untersuchen, ob der Verlust des Egos wirklich so furchtbar ist. Wer die Taube auf dem Dach fangen will, muss den Spatz in der Hand freilassen: Das Festhalten am Ego steht der Entdeckung des den Tod überdauernden Unzerstörbaren im Weg.

- „Wer warst du vor deiner Geburt?“
- „Wo warst du vor dem Augenblick der Schöpfung?“
- „Wer bist du, wenn du dich selbst vergessen hast?“

Fragen wie diese setzen Sie auf die Fährte des Unzerstörbaren Ihres Wesens, dessen Abglanz viele in erhabenen Momenten und seligen Augenblicken bereits erfahren haben. Dieser Fährte nachzugehen, ist beglückender als jedes erreichte Ziel und jeder erfüllte Wunsch. Und wenn wir aufrichtig suchen, werden wir finden: „Wenn ihr mich von ganzem Herzen suchen werdet, so will ich mich von euch finden lassen.“[2]

2 Jeremia 29,13+14

Fragen weisen den Weg. Die Antworten oder Einsichten sind nur Etappen. Buddhisten schlagen vor: „Töte Buddha, wenn du ihm begegnest“, und Meister Eckharts Gebet war: „Herr, befreie mich von dir, damit ich dich wirklich finden kann.“ Verwerfen wir die Antworten. Die lebendige, schöpferische Kraft ist in der Frage. Und vielleicht ist die Gottheit eine Frage, als deren Antwort sich das stetige Spiel der Schöpfung entfaltet.

„Höher hinauf, mein Freund, immer höher hinauf“, spornte Meister Eckhart die Gläubigen an, wissend, dass wir unsere höchste Erkenntnis und tiefste Erfahrung immer wieder übersteigen können. Paradoxerweise gilt gleichzeitig: Es geht nicht darum, irgendwo anzukommen, weil wir niemals vom Unzerstörbaren getrennt waren, wie es auch nichts zu bekommen gibt, weil es dem Unzerstörbaren an nichts Wesentlichem mangelt. Es geht um die lebendige Erfahrung dessen, wovon Heilige und Mystiker singen. Forderte Luther, es möge niemand zwischen der Schrift und dem Gläubigen stehen, können Sie den Appell an sich richten: Es sollen weder Schrift noch Mensch zwischen mir und dem Göttlichen stehen.

Lassen Sie sich durch die folgenden Übungen und Gedanken anregen, Ihre eigenen Fragen und Ihre eigenen Wege zu jener Dimension, die „jenseits“ des uns bekannten Lebens liegt, zu entdecken. Die anspruchsvollste und dennoch am wenigsten aufwendige Übung, ist das meditative Verharren in der Stille. Wenn das „diesseitige“ Sein sich durch Körperlichkeit, Sinneswahrnehmungen, Gefühle, Geistesregungen und Bewusstseinsinhalte auszeichnet, können Sie sich für das „jenseitige“ Sein öffnen, indem Sie sich von der Anhaftung, Verstrickung oder Identifikation mit diesen frei machen und so die Anziehungskraft des „diesseitigen“ Seins schwächen.

Das Verharren in Stille, die schlichteste und älteste Form der Meditation, ist seit jeher ein zuverlässiger Weg, sich aus dieser Verstrickung zu lösen. Setzen Sie sich bequem auf den Boden oder auf einen Stuhl und legen Sie die Hände mit geöffneten Handflächen nach oben auf die Oberschenkel – als Zeichen des Loslassens. Legen Sie zuerst die Dauer Ihrer Meditation fest – egal ob es zwanzig, fünf oder zehn Minuten sind. Das ist entscheidend! Meditieren Sie nicht so lange, wie Sie „Lust" haben, denn gerade von diesen reflexartigen Impulsen gilt es sich zu lösen.

Richten Sie Ihren Blick auf einen Punkt vor Ihnen – lassen Sie die Augen geöffnet. Atmen Sie bei geschlossenem Mund durch die Nase in den Bauch. Lassen Sie Ihren Mund lächeln. Meditation und Spiritualität ist eine heitere Angelegenheit – nichts von heiliger Erhabenheit.

Atmen Sie und beobachten Sie Ihren Atem.

Wenn Sie bemerken, wie Sie an körperlichen, sinnlichen oder geistigen Wahrnehmungen festhalten, geben Sie dem keine Bedeutung, lassen Sie diese ziehen, wie Wolken am Himmel. Es wird immer Wolken am Himmel geben. Wünschen Sie sich nicht, sie mögen endlich verschwinden. Achten Sie eher auf das Firmament, das immer wieder zwischen den Wolken hervorleuchtet.

Seien Sie mit der Stille und erwarten Sie keine Wunder, keine Sensationen, keine Offenbarungen, kein spirituelles Spektakel. Ob Trauer oder Freude, ob Engel oder Dämonen – sie sind allesamt Wolken des Geistes, die den Frieden des göttlichen Firmaments verschleiern.

Die Meditation ist Übung einer Haltung, die letztlich den Alltag durchdringen soll. Es ist nicht ungewöhnlich, während der Meditation den Eindruck zu haben, sich keinen Schritt weiterbewegt zu haben – um dann Stunden nach der Meditation zu spüren, sich von etwas gelöst und für etwas geöffnet zu haben.

Wer bist du?

Sie können auch eine einfache Frage nutzen, um sich von den Vorstellungen zu befreien, die Sie von sich selbst haben. Notieren Sie die Frage: „Wer bist du?" und schreiben Sie dann eine Antwort auf – und wiederholen Sie dies einhundert Mal. Beginnen Sie mit nahe liegenden Antworten, Ihrem Namen, Ihrem Beruf, Ihrem Familienstand usw. Erlauben Sie sich aber auch ungewöhnliche Antworten. Bewerten Sie Ihre Antworten nicht, sondern schreiben Sie beharrlich weiter im Bewusstsein, dass es keine „richtige Antwort" in dieser Übung gibt. Zögern Sie nicht, peinliche Antworten wie „Ich bin ein Nichtsnutz" aufzuschreiben, und gönnen Sie sich ebenso poetische Antworten wie „Ich bin der strahlende Morgen."

Wenn Sie fünfzig Mal Frage und Antwort notiert haben, wechseln Sie die Schreibhand, setzen Sie die Übung mit der nicht-dominanten Hand fort. Auf diese Weise ermöglichen Sie Ihrem Unbewussten, einen Beitrag zu diesem Prozess zu leisten.

Wenn Sie die Frage einhundert Mal beantwortet haben, halten Sie inne und spüren Sie dem Aspekt nach, der beharrlich die Frage stellte: „Wer bist du?"

Das ewige Leben

Die Gegenwart altert nicht.

Gail Sheehy

Nicht *wie* die Welt ist, ist das Mystische,
sondern *dass* sie ist.

Ludwig Wittgenstein

Die trostvolle Botschaft eines ewigen Lebens nach dem Tod verkündeten alle Religionsstifter. Es wird dem Anliegen, erfüllt zu leben und friedvoll zu sterben, zuträglich sein, wenn Sie den Tod metaphorisch verstehen, als „Tod des Egos", oder präziser: Als das Ende der Herrschaft, der Macht des Egos über Ihr Leben. Verstehen wir Tod in diesem Sinne, wäre eine nahe liegende Frage, wie es möglich wäre, heute das ewige Leben zu erfahren.

Ein erster, intellektueller Zugang, der einer lebendigen, ganzheitlichen Erfahrung der Ewigkeit in der Gegenwart den Weg bereiten kann, ist ein Gedanke Ludwig Wittgensteins im Tractatus logico-philosophicus:

„6.4311 Der Tod ist kein Ereignis des Lebens. Den Tod erlebt man nicht. Wenn man unter Ewigkeit nicht unendliche Zeitdauer, sondern Unzeitlichkeit versteht, dann lebt der ewig, der in der Gegenwart lebt. Unser Leben ist ebenso endlos, wie unser Gesichtsfeld grenzenlos ist.

6.4312 Die zeitliche Unsterblichkeit der Seele des Menschen, das heißt also ihr ewiges Fortleben auch nach dem Tode, ist nicht nur auf keine Weise verbürgt, sondern vor allem leistet diese Annahme gar nicht das, was man immer mit ihr erreichen wollte. Wird denn dadurch ein Rätsel gelöst, dass ich ewig fortlebe? Ist denn dieses ewige Leben dann nicht ebenso rätselhaft wie das gegenwärtige? Die Lösung des Rätsels des Lebens in Raum und Zeit liegt *außerhalb* von Raum und Zeit.“

Wenn Ewigkeit Zeitlosigkeit bedeutet, dann muss es eine Dimension sein, die außerhalb unserer Rolle liegt. Das Erleben von Zeit und die Gedanken des Planens, Strebens und Erinnerns, die dieses Erleben bewirken, sind bedingt durch die Rolle. Wie können wir einen Zugang zur Gegenwart gewinnen, in der sich die Ewigkeit offenbaren kann?

Ein Weg zu dieser Erfahrung ist die Meditation. Aber Sie können genau jetzt ein Experiment machen. Lassen Sie für einen Moment vertrauensvoll alle Sorgen und Pläne los sowie alle Gedanken, die Sie aus der Gegenwart reißen. Lassen Sie von allem ab, das Ihr Erleben der Gegenwart irritieren könnte. Lassen Sie jede Hoffnung los, es würde einmal besser werden, lassen Sie jede Befürchtung los, es könnte einmal schlimmer werden. Lassen Sie alle Erwartungen los, alle Beurteilungen und Bewertungen, jegliche Gedanken, die suggerieren, etwas müsse anders sein. Akzeptieren Sie sich, Ihre Lebensumstände, das Leben insgesamt und den Zustand der Welt so wie sie ist, indem Sie sich sagen: „Sei so – und nicht anders!“

Wie oft wurde ich von der Erfahrung der Ewigkeit gestreift – und wie oft versäumte ich dieses Erlebnis?

Vertiefen Sie Ihre Ankunft in der Gegenwart, indem Sie sich, wo immer Sie auch gerade sind, umschauen, und was immer Sie sehen, als Ihr sehnlichstes Ziel betrachten. Schenken Sie Ihren Gedanken, Ideen, Meinungen, Bedeutungen, Interpretationen, Sorgen oder Ängsten kein Gehör. Nehmen Sie diese als etwas wahr, das Sie an Ihrem sehnlichsten Ziel vorfinden. Akzeptieren Sie, umarmen Sie, was auch immer gegenwärtig ist. Es gibt nichts zu erreichen und nirgends anzukommen. Es gibt nur eines: Seien Sie gegenwärtig.

Das Glück der Gegenwart ist durch nichts zu übertreffen. Ein Glück in der Zukunft gibt es so wenig wie ein Glück in der Vergangenheit. Ein ganzes Menschenleben ist vergeudet, ohne diese Ankunft in der Gegenwart.

Wem es gelingt, auf diese gegenwärtige Weise an der Ewigkeit teilzuhaben, der verliert wohl auch das Interesse am „Paradies". Es sind bereits zu viele Menschen im Namen des Paradieses gestorben – und nicht nur Ritter auf ihren Kreuzzügen, sondern auch jene Menschen, die das Diesseits verwarfen und nur auf das Paradies hin lebten und so die Gelegenheit der Befreiung und Erfüllung im „diesseitigen" Leben versäumten. Wie oft haben wir uns schon versprochen, „dann" würde es anders sein – und „dann" blieb es wie es war: Die Umstände änderten sich, aber wir blieben, wer wir immer schon waren.

So tröstlich die Vorstellung eines Paradieses auch sein mag, sie ist eben nicht mehr als ein Trost. Und dem Trost haftet der Mangel an, Ersatz zu sein für etwas, das nicht ist. Erfüllender ist es, keines Trostes bedürftig zu sein, weil wir bereits in diesem Leben Gewissheit gewonnen haben!

Zumal wir, sobald wir vom Paradies sprechen, auch von Hölle sprechen müssen. Was die Hölle betrifft, so könnte es sein, dass sie nicht etwa die jenseitige Strafe für eine Lebensweise ist – vielmehr ist diese Lebensweise selbst schon „Hölle" genug: Ein Mensch, der von seiner Gier verwendet wird, bedarf keiner zusätzlichen Strafe – seine Existenz an sich ist leidvoll genug.

Und Berichte über das nachtodliche Gericht mit Belohnung oder Strafe sind wahrscheinlich Projektionen unseres urteilenden Egos, für die das Christuswort gilt: „Mit welchem Maß ihr messt, wird man euch wieder messen, und man wird euch noch dazugeben.“[3]

Die Berichte über Nahtoderfahrungen verkünden zwar Verheißungsvolles, sind jedoch stets durch Interpretationen der Rolle und ihren unbeugsamen „Überlebenswillen über den Tod hinaus“ gefiltert. Vielleicht gibt es nicht-physische Existenzen, gewissermaßen eine „jenseitige Rolle“.

Vielleicht ist es hilfreich, Paradies und Hölle als didaktischen Kniff zu verstehen, mit dem uns mitfühlende, geistige Führer anspornen wollen, uns dem Göttlichen anzuvertrauen. Und der Gedanke ans Paradies hilft Hinterbliebenen, denen es schwer fällt, sich vom Verstorbenen zu lösen. Aber der Gedanke eines Wiedersehens mit Verstorbenen nach unserem Tode, wirft auch die Frage auf, was nach diesem Wiedersehen geschehen soll? Wird nicht auch ein solches Dasein danach streben, dem Göttlichen zu dienen, beziehungsweise in ihm aufzugehen? Denn selbst als „individuelle, nicht-physische“ Existenz würden wir immer noch ein Dasein in Trennung von anderen und auch vom Göttlichen erfahren. Und Trennung ist die Quelle von Leid.

Wenn ich weder „Lohn“ noch „Strafe“ zu erwarten hätte, was würde ich an meinem Leben ändern?

Für jede mitfühlende Seele würde sich ohnehin ein Paradies im Nu zur Hölle verwandeln, sobald sie all jener erbarmungswürdigen Kreaturen gedächte, die in der Hölle schmoren würden. Wie könnte sich eine mitfühlende Seele ihrer Seligkeit erfreuen, solange es noch leidende Wesen gibt? Auszuhalten wäre dies nur, wenn die künstliche Trennung zwischen „Ich“ und „Du“ aufrechterhalten würde und diese wäre erneut Leid bringend.

3 Markus 4,24

Vielleicht verbirgt sich hinter der Vorstellung eines Paradieses ein weitaus größeres Glück als das des Paradieses selbst. Teil aller Paradiesvorstellungen ist das Wiedersehen mit Verstorbenen, mit denen man in Liebe und Frieden vereint sein wird. Dann werden wir, was uns im Leben zu erleben nicht möglich war, endlich empfangen können. Kurz: das Paradies ist so wie das Leben im Diesseits, nur schöner, friedlicher und liebevoller.

Diese Vorstellung vom Paradies ist wohl nur unser unbeholfener Ausdruck der eigentlich ersehnten Verbundenheit mit dem Göttlichen. Der Wunsch, mit den Lieben im Himmel wieder vereint zu sein, drückt wesentlich die Sehnsucht aus, jene göttliche Liebe, die uns im Leben gefiltert durch jene Menschen, die uns nahe stehen, entgegengebracht wird, ganz und gar „ungefiltert" zu erleben.

Und somit wäre das Paradies auf Erden auch nicht ein Leben, in dem alles gelingt und alles unausgesetzt schön ist, sondern ein Leben, das getragen ist von der Erkenntnis der eigenen göttlichen Natur und der Wertschätzung und Anerkennung der göttlichen Natur unserer Nächsten. In dieser Weise zu leben hieße, der Unzerstörbarkeit des innersten Wesens, das, wie Meister Eckhart sagt, Gott so sehr verwandt ist, dass es Gott selbst ist, bewusst zu sein, und zuversichtlich dem Leben und Sterben entgegenzutreten.

Die sterbliche Rolle

Was zerstörbar ist, ist nicht wirklich.
Was wirklich ist, ist unzerstörbar.
Indische Weisheit

Nähern wir uns dem Bewusstwerden dieses Unzerstörbaren über die Metapher der Rolle an: Wenn auf der Bühne Romeo und Julia sterben, müssen für die Vorstellung am folgenden Abend nicht neue Schauspieler engagiert werden – denn nur die Rolle stirbt, nicht der Schauspieler. So kann auch der „Schauspieler“, der hinter der „Rolle“ steckt, die wir sind, nicht sterben – weil er nie geboren wurde.

Sogar die Physik schlägt eine Brücke zwischen unserer „Körperlichkeit“ (einschließlich seiner „feinstofflichen“ oder „seelischen“ Aspekte) und dem Unzerstörbaren: Es gibt nichts, das sterben könnte. Wenn Sie durch das Universum des Körpers reisen, beginnend von seiner Ganzheit, über Organe, Zellen, Moleküle und Atome, landen Sie unweigerlich auf der paradoxen Ebene der Elementarteilchen – und schließlich beim Nichts.

Kein kaltes, nihilistisches Nichts. Eher das Nichts, das ein arabischer Dichter mit dem Vers besang: „Wirf dich in die finsterste Nacht deines tiefsten Nichts, soll dir dämmern der strahlende Morgen des göttlichen Lichts.“ Es ist ein Nichts mit höchster schöpferischer Kraft. Und da viele Mystiker bestrebt waren, das Göttliche in seiner Essenz zu erfahren, indem sie es von jeglichen Attributen befreiten, kann dieses Nichts als Brücke zum göttlichen Sein verstanden werden.

Ein Nichts, das alle Züge eines Schöpfergottes trägt, jenes „nicht verursachten Verursachers“. Nur der gesunde Menschenverstand meint, aus Nichts könne nur Nichts hervorgehen: Kein

Geld – kein Spaß! Physikern hingegen gelingt es bereits heute, aus Vakuum für einen kurzen Moment Elementarteilchen zu erzeugen.

Aber auch unabhängig von physikalischen Möglichkeiten weist der Philosoph und Logiker Edward de Bono auf die schöpferische Natur des Nichts hin: Aus Nichts kann alles folgen. Wenn Sie keine Bedingungen oder Voraussetzungen haben, können Sie alles erschaffen: Nichts ist die Möglichkeit von Allem. Ganz so, wie es schwer fällt, ein Bild auf einen Bogen Papier zu malen, auf dem bereits ein paar Linien gezogen sind, denn irgendwie müssen diese Linien in das Bild integriert werden – Sie müssen reagieren. Haben Sie hingegen eine reine, weiße Fläche zur Verfügung, sind Ihrer Fantasie keine Grenzen gesetzt – Sie können schöpferisch sein.

Wie könnte ich in meinem Leben Raum für einen frei gestalteten Neuanfang schaffen?

Deswegen ist es so hilfreich, die Integrität wiederherzustellen und die Vergangenheit aufzuräumen – um eine Situation zu schaffen, in der Ihre Vorstellung durch nichts eingeschränkt wird. Deshalb ist es kraftvoll, sich in Loslösung zu üben; sonst dreht sich das Leben möglicherweise nur darum, dieses Problem zu lösen oder jenes zu beseitigen – alles Linien auf dem Papier des Lebens. Deshalb ist es so wichtig, sich einer Dimension jenseits der Rolle zu öffnen, weil nur diese authentische Freiheit schenken kann.

Das Nichts kann also als Grundlage unserer Schöpfung betrachtet werden – aus Nichts kann alles, auch ein ganzes Universum hervorgehen.

Wenn Sie sich diesem recht abstrakten Gedanken annähern wollen, unterscheiden Sie zwischen „eine Rolle sein“ und „eine Rolle haben". Bela Lugosi, berühmter Dracula-Darsteller der 30er Jahre des letzten Jahrhunderts, war im Alter nicht mehr in der Lage, diesen Unterschied zwischen „haben" und „sein" zu sehen: Er glaubte tatsächlich, Dracula zu sein. Und er ist sicher nicht der einzige Schauspieler, dessen Ruhm auf einem bestimmten Rollentypus gründete und der sich damit identifizierte.

Während diese Vermischung von Rolle und Person bei Schauspielern tragischer Ausdruck der Ungewissheit über ihre eigene Identität ist, stellen wir sie im Alltag nicht in Frage: Wir sind unser Körper, wir sind unsere Gefühle, unsere Gedanken, Erinnerungen, Pläne und Überzeugungen. Man könnte aber auch sagen, all dies ist nichts weiter als die Kostümierung und Charakterisierung unserer Rolle.

Da wir Rolle und Schauspieler von Geburt an vermischen, ist der Aspekt des Schauspielers für uns unerkennbar, denn alle unsere Wahrnehmungen sind gefiltert durch die Wesenszüge unserer Rolle. Da die Rolle so allumfassend ist, können wir uns dem Schauspieler nur durch *negative Bestimmung* annähern: Wir können nicht sagen, was oder wer er ist, aber wir können sagen, was er nicht ist – unsere Gefühle, Gedanken, unser Körper.

Ein Modell kann uns helfen, dem Schauspieler näher zu kommen. Stellen Sie einen Stuhl in die Mitte eines Zimmers. Der Stuhl repräsentiert in diesem Modell die Rolle – eben alles, was nach Ihrem Erleben und Wissen Sie selbst sind. Und wenn in Ihrem Weltbild Astralkörper, Seele, Aura oder andere feinstoffliche Wesensaspekte dazugehören, so sind diese ebenfalls durch den Stuhl repräsentiert.

Der Stuhl ist umgeben von dem Raum, der durch die Wände des Zimmers begrenzt wird. Dieser Raum repräsentiert den Schauspieler. Wenn Sie sich nun vorstellen, die Rolle erfährt einen Charakterwandel oder die Lebensumstände änderten sich, so würden wir dies durch einen neuen Farbanstrich des Stuhls symbolisieren. Hätte die neue Farbe irgendeine Auswirkung auf den Raum? Nein, der Raum bleibt davon unberührt. Auch wenn Sie die Position des Stuhls verändern, ihn umwerfen, ihn zu Kleinholz verarbeiten oder gar verbrennen – der Raum bliebe davon unberührt. Der Schauspieler stirbt nicht. Der Schauspieler ist nicht die Rolle.

Wollten wir den tatsächlichen Gegebenheiten des Lebens mit unserem Modell gerecht werden, müssten wir neben den Stuhl, der Ihre Rolle repräsentiert, noch einen zweiten und dritten Stuhl, ja, eigentlich noch 6,5 Milliarden andere Stühle dazustellen. Diese Stühle repräsentieren alle anderen Rollen auf diesem Planeten. Und unverändert: Der Raum wäre der Schauspieler.

So wie Sie im Traum mehreren Personen begegnen können, die scheinbar völlig unabhängig von Ihrer Traumfigur handeln, ist es dem Schauspieler, von dem wir hier sprechen, möglich, alle Rollen zugleich zu übernehmen. Es gibt daher nicht *mein* wahres Selbst – es gibt einzig die strahlende Herrlichkeit des Göttlichen: Alles ist der eine Geist.

„Das Leben – ein Traum" war schon eine barocke Metapher für das menschliche Leben. Unser Leben ein Traum des Göttlichen. Buddha verließ sterbend seine Jünger mit folgenden Worten: „Diese Welt geht vorüber und alles, was wichtig ist, fliegt vorbei. Jeder muss aus seinem Traum erwachen. Es gibt keine Zeit zu verlieren. Darum bemüht euch ohne Unterlass."

Dieses Erwachen muss keineswegs bis zum Sterben warten. Dieses Erwachen bedeutet auch nicht das Ende jeder Lebensfreude – ganz im Gegenteil.

Die Psychologie kennt das Phänomen des Klartraums oder des luziden Träumens: Der Träumer wird sich im Traum bewusst, dass er träumt, und ist in diesem Moment frei, den eigenen Traum zu gestalten. Genauso wird unser Leben frei und erfüllt, wenn wir in diesem Traum, der das Leben ist, zu unserem wahren Wesen erwachen. Wir führen den Traum fort, aber in tiefer Verbundenheit zu dem Träumer.

Wenn Sie ein persönliches Empfinden dieser die Rolle transzendierenden Dimension gewinnen möchten, forschen Sie dem Höchsten im Gewöhnlichsten nach. Dazu müssen Sie sich einfach nur still hinsetzen und für einen Moment vergessen, jemals existiert zu haben. Um aktiv loszulassen und in diesem Sinne zu vergessen, müssen Sie sich zunächst vergegenwärtigen, was Sie als „sich selbst" erleben, erfahren oder empfinden. Wir alle haben ein bestimmtes Empfinden von uns selbst, an dem wir uns in jedem gegebenen Moment „als uns selbst wiedererkennen". Wir empfinden uns als Persönlichkeit durch gute und schlechte Charaktereigenschaften, Fähigkeiten, Kenntnisse, Erfahrungen, körperliche und sinnliche Wahrnehmungen. Wir wissen, wer wir sind, wer wir waren, und wer wir sein möchten. Wir lieben bestimmte Menschen und andere hassen wir. Wir fühlen uns unserem Wohnort verbunden, unserem Beruf oder unseren Hobbys. Wir kennen unsere Sorgen und unsere Freuden.

Lösen Sie sich für einen Moment von allen erfahrbaren Merkmalen Ihres individuellen Seins.[4] Nähern Sie sich, so gut es geht, dem Empfinden eines reinen „Ich bin" an. Jenes „Ich bin", das Ihnen auch als Kind das Gefühl gegeben hat, ein Selbst oder ein Individuum zu sein. Vermutlich sind die wenigsten der heutigen Wahrnehmungen und Empfindungen

Wie könnte mich Vergessen zur Selbsterkenntnis führen?

4 Buddhas Formel, sich von Identifikationen zu lösen, lautete: „Das bin ich nicht, das gehört nicht zu mir, das ist nicht mein wahres Selbst."

noch dieselben, die Sie als Kind hatten. Dennoch – damals wie heute haben Sie ein Empfinden von „Ich bin“. Die Gegenwart altert nicht – das elementare Bewusstsein des „Ich bin“ hat Sie durch alle Lebensabschnitte begleitet.

Vielleicht gelingt es Ihnen nicht auf Anhieb, dieses „Ich bin“ von gegenwärtigen, biografischen oder persönlichen Färbungen frei zu machen. Aber Sie können wenigstens gedanklich nachvollziehen, was sich später als authentische Erfahrung entfalten wird. Dieses „Ich bin“ macht in unserem Erleben den innersten Kern, die Gewissheit unseres Daseins aus. Wir mögen bisweilen unsicher über unsere Gefühle sein, wir können ratlos sein, wir können überhaupt daran verzweifeln, nicht zu wissen, wer wir sind – aber hinter diesen Verwirrungen verharrt die unerschütterliche Gewissheit, dass es da ein „Ich“ gibt, das verzweifelt, ratlos oder unsicher ist.

Dieses „Ich bin“, unser persönlichstes, intimstes, innerlichstes Empfinden unserer selbst, teilen wir mit 6,5 Milliarden anderer Menschen – und womöglich nicht nur mit jeder anderen Lebensform auf diesem Planeten, sondern vielleicht sogar mit jedem Objekt in diesem und jedem anderen Paralleluniversum.

„Ich bin“ ist einerseits das Persönlichste – und andererseits das Gewöhnlichste. So wie jeder Mensch, unabhängig von seiner Herkunft, seines Charakters, seines Bildungs- und Erfahrungsschatzes, das Wort „Ich“ verwendet, so empfindet jeder dieses „Ich bin“. Als gäbe es unendliche viele Klone dieses einen „Ich bin“. Eine unglaubliche Vielfalt von Menschen, sodass wir nur bedauern können, nicht jedes einzelnen Menschen Lebenserfahrung in aller Tiefe und Weite teilen zu können.

Das Wort, das wir für den innersten Kern des Lebens verwenden, ist das gewöhnlichste überhaupt. Vielleicht sagte deshalb der Zenmeister Nansen im 8. Jahrhundert auf die Frage eines Schülers nach dem wahren Weg: „Der alltägliche Weg ist der wahre Weg" – und fügte hinzu: „Je mehr du den wahren Weg erlernst, desto mehr kommst du vom wahren Weg ab."

Habe ich vielleicht bisher Offenbarungen übersehen, weil ich stets nach etwas Spektakulärem Ausschau hielt?

Jeder von uns hat das Erleben, das ganze Leben drehe sich nur um einen selbst – so wie eine Rolle sich um ihre eigene Achse dreht. C. G. Jung formulierte es etwas anders in seiner Definition des Göttlichen: „Gott ist ein Kreis, dessen Zentrum überall und dessen Peripherie nirgendwo ist."

Wenn Sie im „Ich bin" aufgehen, vergehen Habgier – denn was immer Sie anderen wegnehmen, nehmen Sie sich selbst weg. Mitgefühl und Mitfreude keimen natürlicherweise auf, denn wohin Sie blicken, Ihr Auge sieht nur sich selbst, den phantastischen Maskenball des „Ich bin".

Die Erfahrung der Trennung hingegen – von anderen, dem Leben oder vom Göttlichen – erlebt einzig die Rolle. Paradoxerweise eröffnet sich die Erfahrung dessen, was unzerstörbar ist und somit Freiheit von Angst vor Vergänglichkeit und Sterben schenken kann, nur demjenigen, der bereit ist, in diesem Sinne „zu sterben". Die Angst vor dem Sterben durch „Sterben" zu heilen, gleicht dem Ähnlichkeitsprinzip der Homöopathie, dementsprechend Ähnliches mit Ähnlichem behandelt wird.

Die Erfahrung des „Schauspielers" oder die Erkenntnis unserer innigsten Verwandtschaft mit dem Göttlichen erschließt eine Erkenntnis, die als „Ich bin Gott" beschrieben wird. Da aus dieser ursprünglich tief religiösen Erfahrung sehr schnell ein spiritueller Egotrip werden kann, übersehen viele die notwendige Schlussfolgerung: „Wenn ich Gott bin, dann sind es alle anderen auch." Der indische Gruß „Namaste" drückt diese Erkenntnis aus: „Das Göttliche in mir grüßt das Göttliche in dir."

Sie selbst sind gefragt

Folgt nicht einem Meister.
Suchet zu finden, was die Meister fanden.
Basho

Ich bin nicht gekommen, Schüler um mich zu scharen.
Ich bin gekommen, um Lehrer auszubilden.
Yogi Bhajan

Bei allem gebotenen Respekt vor den Weisen und Meistern der Menschheitsgeschichte, wenn wir die Rollenmetapher und die Möglichkeit der ganz persönlichen Verbundenheit mit dem Göttlichen zu einem vorläufigen Ende denken, folgt daraus, dass wir *alle* eine Rolle spielen. Die Männer- oder Frauenrolle, die Rolle des Klugen oder Dummen, die Rolle des Ängstlichen oder des Risikofreudigen, die Rolle des Meisters und die Rolle des Schülers.

Obwohl alle aufrichtigen Meister ihre Aufgabe darin sehen, den inneren Meister der Schüler zu erwecken, indem sie als Projektionsfläche dieses inneren Meisters dienen, fällt es manchen Schülern schwer, sich jemals im Leben von ihrer Schülerrolle zu trennen. Dabei wohnt die Möglichkeit dieser „Meisterschaft" in jedem von uns – jedoch solange wir sie außerhalb unserer selbst suchen, verfehlen wir sie und kommen niemals in Berührung damit.

Eigentlich zeichnet sich das Meister-Schüler-Verhältnis durch die dialogische Beziehung von Frage und Antwort aus. Schüler verharren in der Frage und lauschen den Antworten des Meisters. Und erst aus der Erkenntnis, dass ein Meister für seine Schüler nur ein Katalysator sein kann, damit diese selbst den Sprung zur Meisterschaft wagen, gehen neue Meister hervor, die in der Lage sind, auf Fragen anderer Schüler nicht nur Antworten ihres Meisters zu wiederholen, sondern ganz eigene, ihrem Wesen entsprechende Antworten zu finden.

Vielleicht möchten Sie für einen Moment in die Rolle eines „Meisters, der übt“ schlüpfen, indem Sie die Position des Fragenden verlassen und versuchsweise die antwortende Seite des Dialogs einnehmen. Es könnte Sie dabei unterstützen, sich vorzustellen, Sie wären vor einer Versammlung von Menschen, die alle gekommen sind, um Antworten auf die entscheidenden Fragen des Lebens und der Erlösung oder Erleuchtung zu hören, auf jene Fragen, die Sie selbst normalerweise bedrängen.

Stellen Sie sich vor, was Sie diesen Menschen sagen würden. Vielleicht möchten Sie sogar den Wechsel „Frage – Antwort“ schriftlich ausführen, indem Sie die Frage mit der dominanten Hand aufschreiben und die Antwort mit der nicht-dominanten Hand. Anfangs greifen Sie möglicherweise auf Antworten zurück, die Sie anderweitig aufgeschnappt haben. Je mehr Sie sich aber in Demut üben – und sich nicht hinter anderen und deren Antworten verstecken, umso authentischer werden die Einsichten aus Ihnen selbst kommen. In Demut üben heißt, sich der bereits erwähnten Gefahr bewusst zu sein, dass aus der „Erleuchtung“ von heute, der Egotrip von morgen werden kann.

Gott ist stärker als Gott

Üben Sie sich darin, die Beziehung zum „Schauspieler“ zu vertiefen. Denken Sie daran: Das Leben oder die Rolle ist nicht „persönlich“ gemeint. Der Schauspieler erlebt Freude und Leid wie ein Schwimmer im offenen Meer mal eine warme Strömung spürt und mal eine kältere. Das Erleben des Schwimmers ist „persönlich“, nicht aber die Strömung. Oder mit einem geflügelten Wort gesagt: „Wir sind nicht menschliche Wesen mit spirituellen Erfahrungen, wir sind spirituelle Wesen mit menschlichen Erfahrungen.“

Alles ist von dem einen Geist erfüllt. Und es ist nie zu spät, sich dessen Gnade zu öffnen. Wenn Sie das Gleichnis vom Weinberg (alle erhalten den gleichen Lohn, obwohl einige erst später als die anderen zu arbeiten begannen) richtig verstanden haben: Dem einen Geist, dem Göttlichen in seiner Geduld ist es egal, wann Sie sich ihm zuwenden – solange Sie es nur überhaupt tun.

Möglicherweise knüpfen *Sie* Bedingungen daran, wann Sie sich diese Gnade erlauben dürfen – die Gnade selbst jedoch ist bedingungslos.

Fragen Sie sich selbst: Welche Überzeugungen, welche Erfahrungen, Komplexe, Probleme oder Lebensumstände stehen Ihnen im Weg, Ihre Verbindung zum Göttlichen zu erkennen? Fragen Sie sich, ob Ihr Ego glaubt, dadurch einen Vorteil zu gewinnen. Und vielleicht gewinnen Sie einen überraschenden, paradoxen Zugang zum Göttlichen, wenn Sie überlegen, aus welcher Quelle Ihre Überzeugungen die Macht nehmen, sich Gott selbst in den Weg zu stellen und mithin so stark wie er selbst zu sein. Und ziehen Sie in Betracht, dass man im Bereich des Mystischen einen „Sieg“ erringen kann, indem man sich überwältigen lässt.

Versuche ich mich mit Gott zu messen, indem ich mich gnadenlos gegen die Gnade sträube?

Das Leben umarmen

Ohne ein Ja zum Leben gibt es kein Ja zum Tod.

Anonymus

Glück ist dein Geburtsrecht. Lebe es!

Yogi Bhajan

Wenn Sie sich überwältigen lassen wollen, dann geben Sie sich hin – und akzeptieren Sie das Leben wie es ist. Damit vertiefen Sie die Verbindung zur Quelle, mit der wir so sehr verwandt sind, dass wir sie selbst sind. So wie Kinder und Eltern sich in Gesichts- oder Charakterzügen gleichen, zeigt sich die Verwandtschaft der Geschöpfe mit dem Schöpfer in ihrer Fähigkeit zur höchsten Form der Liebe, der bedingungslosen Liebe als Akzeptanz.

Um einen Eindruck der bedingungslosen Liebe des Göttlichen zu gewinnen, müssen wir zunächst die „süßlichen", kindlichen oder romantischen Gefühle übersteigen. Die allzu oft gestellte Frage: „Wieso lässt Gott das zu?" erweist sich als Kinderfrage, wenn wir die göttliche Liebe als Akzeptanz betrachten: Gott sagt zu allem „Amen!"

Die Gnade dieser bedingungslosen Liebe wird für uns erfahrbar in der Stille des Gebets. Falls Sie verzweifelten, weil Gott im Gebet nicht „antwortet", können Sie jetzt gelassen sein. Wenn wir die Stille, die unser Gebet begleitet, nicht als Zeichen der Abwesenheit Gottes missverstehen, können wir das Geschenk bedingungsloser Liebe erfahren: Gott schweigt nicht – Gott schenkt uns Gehör! Was immer Sie vor Gott bringen, wird Gott hören, bedingungslos. Er wird nicht sagen „Ja, aber", er wird es nicht beurteilen, er wird keine guten Ratschläge geben. All das ist eine unter Menschen vertraute Reaktion, mit besten Absichten einander zu unterstützen. Doch wie selten schenkt uns jemand einfach nur sein Gehör, ohne den Fluss unserer Gedanken mit Einwürfen zu unterbrechen? Manchmal ist das akzeptierende Hinhören, in dem wir uns frei entfalten und möglicherweise selbst auf eine Lösung stoßen können, heilsamer als jeder noch so weise Rat.

Üben Sie sich also in bedingungsloser Liebe, um sich der Quelle anzunähern: Umarmen Sie Ihr Leben, genauso wie es ist, ohne den Wunsch nach Veränderung. Akzeptieren Sie jeden Makel. Freuen Sie sich an allem Schönen. Akzeptieren Sie, nicht so zu sein, wie Sie es sich vielleicht einmal gewünscht haben. Akzeptieren Sie, dass die anderen nicht so sind, wie Sie es sich wünschen. Akzeptieren Sie, dass die Welt und das Leben genauso sind wie sie sind.

Wünschen Sie sich, niemand anderes zu sein als die Person, die Sie sind. Wünschen Sie sich, genau die Vergangenheit zu haben, die Sie hatten. Wünschen Sie sich, in keinen anderen Lebensumständen als den gegenwärtigen zu leben.

Befreien Sie sich für einen Moment von allen Gedanken und Beurteilungen, die Ihnen nahe legen, etwas an Ihrem bisherigen und gegenwärtigen Leben sei nicht in Ordnung. Räumen Sie alles aus dem Weg, das Sie daran hindern könnte, Ihr Leben und sich selbst zu lieben und zu akzeptieren. Stellen Sie sich vor, größer und weiter zu sein als Ihre Bewertungen und Widerstände. Im Alltag müssen wir schon oft genug Situationen und Menschen einschätzen und bewerten. Geben Sie dieser Verstandesaktivität eine Pause.

Das Leben ist kein Spielfilm – es läuft nicht auf ein Happy End hinaus. Dieser Moment ist es! Dieses gegenwärtige Leben ist kein „vorläufiges" Leben, das sich irgendwann in das „eigentliche" Leben verwandeln wird, womit dann das Happy End erreicht wäre. Dieser gegenwärtige Moment ist es – genau das!

Wenn Sie unbedingt ein Happy End wollen, betrachten Sie für einen Moment das Leben als das Spiel ums Überleben. Dann ist jeder weitere Moment, den Sie leben, ein Happy End. Für Sie mag dies nichts Besonderes sein. Für ein Tier in der Wildnis ist es ein Happy End, wenn es nach einem Beutezug wieder heil in seinem Bau ankommt. Dieser gegenwärtige Moment ist es!

Akzeptieren Sie auch, wie Sie mit den Anregungen dieses Buches umgegangen sind und umgehen werden. Vielleicht haben Sie es bei jedem Kapitel gar nicht abwarten können, eine Ihrer Einsichten fruchtbar umzusetzen. Vielleicht fühlen Sie sich überfordert, wollen alles perfekt machen und haben aus diesem Grund keine der Anregungen angewandt. Vielleicht haben Sie etwas unternommen und es ging schief. Vielleicht sind Sie immer noch beschäftigt, etwas aus den vorhergehenden Kapiteln zu verstehen.

Was immer Sie gerade beschäftigen mag, nehmen Sie eines mit auf den Weg: Die Anregungen in diesem Buch beabsichtigen, Ihnen Gelegenheiten zu zeigen, etwas für ein erfülltes Leben zu unternehmen, das von einem friedvollen Sterben gekrönt wird. Machen Sie sich aber vor lauter Streben nach diesem Glück nicht unglücklich.

Überlegen Sie, ob Sie nicht zukünftig Glücklichsein als bedingungslos betrachten wollen. Wenn Liebe bedingungslos sein kann, warum nicht auch Glücklichsein? Wir lieben bedingungslos, wenn das geliebte Wesen sein, tun und lassen kann, was es will – die Liebe wird ungebrochen sein. Warum nicht auch das Glücklichsein so betrachten? Warum es von Lebensumständen abhängig machen? Wie oft schon haben Sie ein Ziel erreicht, die erwünschten Lebensumstände geschaffen, nur um sich kurz am Strohfeuer eines Hochgefühls zu wärmen, das rasch zu Ernüchterung erkaltete? Wie oft haben Sie versucht, Lebensumstände eines vergangenen Glücks zu wiederholen und wurden enttäuscht?

Vielleicht möchten Sie lieber den Spieß umdrehen: Anstatt mit dem Glücklichsein zu warten, bis entsprechende Umstände eingetreten sind, beginnen Sie einfach mit dem Glücklichsein – jetzt und bedingungslos! Lassen Sie Glück und Freude durch jede Faser Ihres Körpers sickern. Möglicherweise stellen sich nach und nach sogar Umstände ein, die Sie zuvor vergeblich zu erreichen versuchten. Auf jeden Fall werden Sie so erkennen, wie viel es in Ihrem Leben gibt, das als Anlass zum Glücklichsein gesehen werden kann.

Erschließen Sie sich den Zugang hierzu, indem Sie Glück nicht durch die Schwarz-Weiß-Brille betrachten – entweder Glück oder Unglück. Glück ist in Graden vorhanden. An einem Tag erleben Sie mehr Glück, an einem anderen erleben Sie weniger Glück.

Also: selbst wenn Sie nach allen Anregungen nichts aufgeräumt haben, selbst wenn Sie kein Ziel, keinen Sinn, keine erfüllenden Wünsche formulierten und verwirklichten – wenn Sie aber begriffen haben, dass Sie nicht nur Ihre Rolle, sondern auch „der Schauspieler“ sind, kann Sie nichts daran hindern, von sich zu sagen: „Ich bin bereit, in jedem gegebenen Augenblick zu sterben.“ Sie haben bekommen, was zu bekommen war.

Alles andere, die rührenden Versöhnungen, die schönen Erlebnisse, die heiligen Gefühle und erhabenen Einsichten sind erfreulicher Nebeneffekt. Eigentlich geht es darum, der Begegnung mit der Quelle den Weg zu bahnen. Akzeptanz ist der Zugang.

Mit Akzeptanz befreien Sie sich auch vom Einfluss Ihrer Identität, der Rolle. Mehr und mehr können Sie Ihre Rolle spielen, Freude daran haben, ohne sich zu verstricken oder ihr anzuhaften. Sie können die Rolle haben, anstatt die Rolle zu sein. Und je weniger Sie an Ihrer Identität festhalten, als wäre es ein sicherer Halt über klaffendem Abgrund, umso mehr werden Sie erfahren, von der Quelle getragen zu sein. Und womöglich heißt „getragen sein“, loszulassen und in den göttlichen Abgrund zu stürzen, der keinen Boden kennt, sodass Sie den Flug auf ewig genießen können.

Aus der eingeschränkten Perspektive der Rolle oder des Egos wird es Ihnen immer so vorkommen, als wäre noch etwas „unvollkommen“, unaufgeräumt oder ungelebt. Aber selbst, wenn Sie hundert- oder tausendfach wiedergeboren würden – es wird Ihnen bzw. der Rolle immer so erscheinen, als wäre es noch nicht genug. An und für sich ist die Welt, der Mensch, sind Sie selbst vollkommen und ohne Makel. Sie müssen schon sehr laut jammern, bedauern und klagen, um zu übertönen, wie viel Freude und Seligkeit in Ihnen steckt. Nur Sie selbst sagen: „Hier ist etwas verkehrt.“ Die Welt, das Universum an sich, sind vollkommen so wie sie sind. Und wenn Sie verstanden haben, dass die Rolle sich als von allem getrennt *erlebt*, Sie aber nicht von allem getrennt *sind*, dann teilen Sie nicht nur die Vollkommenheit der Welt und des Universums, sondern verstehen auch: Wenn Sie sich bewegen, tanzt das gesamte Universum.

Glaube ich, ich wäre nur mein Körper, weil ich zwar ihn, nicht aber die Gestirne bewegen kann?

Tanzen Sie mit Leichtigkeit und Freiheit. Wir alle gehen aus dem Traum des einen Träumers hervor. Der Klarträumer weiß, wenn er im Traum in einem See badet, wird er nicht nass erwachen. Leben Sie in diesem Sinne den Schöpfertraum als Klartraum. Folgen Sie Ihrem Herzen, nehmen Sie Freude und Leid als Erfahrungen wahr, im Bewusstsein, dass Sie makellos sind und nichts Sie wahrhaftig treffen kann.

Leben Sie den Traum, der Ihr Leben ist, mit wachsender Klarheit und Zuversicht. Wohin Ihr Weg auch führen mag, durch welche Täler und über welche Höhen auch immer, bleiben Sie sich der intimen Nähe und Nachbarschaft des Göttlichen, des Lichts, der Quelle bewusst. Im gesamten Kosmos, in den mysteriösen Vorgeburts- oder Nachtod-Welten der Seele, in sämtlichen verheißenen Paradiesen und allen mahnend angedrohten Höllenfeuern gibt es nicht einen Winkel, der nicht Abglanz jenes einen Lichts wäre.

Die Projektionen unserer Rolle färben das Licht, sodass es jedem von uns verschieden erscheint. Geben wir den Gedanken auf, getrennt zu sein, beschreiben wir lieber unser Erleben in Begriffen von geringerer und größerer Nähe. Und mögen wir gemäß einer Abwandlung des ermunternden Zurufs Meister Eckharts leben und sterben: „Immer näher, mein Freund, und immer näher heran – und mitten hinein!“

Danksagung

Mitten hinein in mein Herz und meine Seele haben viele Menschen gesprochen, denen ich meinen Dank schulde. Ob mit Lehr- oder Heilungsabsicht oder unwillkürlich und beiläufig als Verwandter, Freund, Weggefährte, Kollege oder Klient – vieler Menschen Worte haben mittelbar und unmittelbar zum Entstehen dieses Buches beigetragen und verdienen meinen Dank.

Gerda Wamhoff, David Norris, Leonard Shaw, Steve de Shazer, Ela und Debu Gosh, Cornelia und Stephan Schwarz sowie Klaus Grochowiak sind die wichtigsten Menschen gewesen, denen ich in Ausbildungen und Seminaren persönlich begegnet bin. In tiefer Dankbarkeit verneige ich mich vor Zen-Meister Zensho Kopp und seinem Wiesbadener Sangha.

Durch ihre Bücher haben mich Autoren wie Paul Watzlawick, Tracy Goss, Robert Hargrove, Ron Smothermon, Douglas E. Harding, Alan Watts, Daisetz T. Suzuki und Sogyal Rinpoche inspiriert.

Ich danke meiner Frau für Ihre Anregungen und Ihre liebevolle Unterstützung. Ich danke Dr. Marcus Kreikebaum für viele geistreiche „Künstlertreffen“ sowie seiner Frau Fatima Mendez-Kreikebaum, die mir wertvolle Hinweise zum Manuskript gab. Ich danke Dr. Peter-Conrad Kroefges, Frank Diebel und Ulrich Jäckle für erkenntnisreiche und ermutigende Gespräche. Ich danke dem schottischen Findhorn Verlag, der 2002 die Initialzündung für dieses Projekt gab.

Ich danke meinem Agenten Klaus Middendorf, dessen Begeisterung für dieses Buch Früchte trug, sowie Sebastian Tonner vom Kaufmann Verlag für seinen herzlichen Einsatz für dieses Buch und sein einfühlsames Lektorat.

Ich danke meinen Eltern und meinem Stiefvater, die mir die Freiheit ließen, mich entsprechend meinem Wesen – nicht immer gradlinig – entwickeln zu können. Und ich danke ihnen für ihr nachhaltiges Engagement für persönlichen Wandel und ihre lebendige Spiritualität. Meinem Stiefvater, dessen Sterben ich begleiten durfte, danke ich dafür, dass er mir zeigte, wie friedlich und freundlich der Tod ist.

Dieses Buch ist auch dem Andenken von Richard Rauch gewidmet, da er verstarb, bevor ich ihn um Vergebung bitten konnte.

Zur Vertiefung

Internetseite zum Buch

Auf der Internetseite www.wendepunkt-leben.de finden Sie weitere Gedanken, Übungen und Dateien zum Herunterladen zu den Themen dieses Buchs. Außerdem lade ich Sie herzlich ein, mit mir im Gespräch zu sein: Schicken Sie mir Ihre Fragen oder Ihre Erfahrungen. Von Zeit zu Zeit werde ich meine Antworten auf der Seite veröffentlichen und zusammenfassend berichten, welche Erfahrungen Leser mit „Wendepunkt." gesammelt haben.

Weiterführende Literatur

Gail Sheehy: Die neuen Lebensphasen. Wie man aus jedem Alter das Beste machen kann. List

Paul Watzlawick, John H. Weakland, Richard Fisch: Lösungen. Zur Theorie und Praxis menschlichen Wandels. Huber

Joseph Fabry: Wege zur Selbstfindung. Wie man jedem Tag seinen Sinn gibt. Herder

Klaus Grochowiak: Vom Glück und anderen Sorgen. Scherz

Tracy Goss: Schaffen Sie Ihre Zukunft neu. Walhalla U. Praetoria

Robert Hargrove: Masterful Coaching. Jossey Bass

Thomas D. Zweifel: Communicate or Die. Gabler

Ron Smothermon: Drehbuch für Meisterschaft im Leben. J. Kamphausen

Douglas E. Harding: Die Entdeckung unserer wirklichen Natur. Lüchow

Sogyal Rinpoche: Das tibetische Buch vom Leben und Sterben. Ein Schlüssel zum tieferen Verständnis von Leben und Tod. Fischer

Zensho Kopp: Der große Zen-Weg. Schirner

Kurzbiografie des Autors

Andreas Bernhard, Jahrgang 1963, langjährige kirchenmusikalische Ausbildung, studierte von 1984 bis 1992 Germanistik und Musikwissenschaften. Zwischen 1984 und 1989 veranstaltete er zahlreiche Lesungen und schrieb Beiträge für Literatur- und Kunstprojekte, wie etwa die Frankfurter „Dschungelblätter" oder den „Wiesbadener Sommer 1989".

Während des Studiums befasste er sich intensiv mit psychologischen Methoden menschlichen Wandels und der lebensnahen Spiritualität, wie sie in der Mystik des Zen-Buddhismus weitergegeben wird.

Das an Literatur geschärfte Sprachgefühl nutzte er in den folgenden zehn Jahren für seine Arbeit als Coach. In dieser Zeit eignete er sich zahlreiche therapeutische Methoden sowie Meditationsformen an. In seiner Tätigkeit als Coach unterstützte er Klienten bei beruflichen oder persönlichen Anliegen und konnte so tiefe Einblicke in ein weites Spektrum des Menschseins gewinnen.

Seit 2000 lebt er in Wiesbaden, wo er begann diese Erfahrungen in theoretische und künstlerische Arbeiten einfließen zu lassen. Derzeit arbeitet er vorwiegend als Autor und Übersetzer im Bereich Sachbuch und Belletristik.

Besuchen Sie mich im Internet. Auf der Internetseite www.wendepunkt-leben.de finden Sie weitere Gedanken, Übungen und Dateien zum Herunterladen zu den Themen dieses Buchs. Außerdem lade ich Sie herzlich ein, mit mir im Gespräch zu sein: Schicken Sie mir Ihre Fragen oder Ihre Erfahrungen. Von Zeit zu Zeit werde ich meine Antworten auf der Seite veröffentlichen und zusammenfassend berichten, welche Erfahrungen Leser mit „Wendepunkt." gesammelt haben.

Jugendlichen sein Wissen und seine Erfahrungen weitergeben, Senioren durch den Ämterdschungel helfen oder nach der Pensionierung Touristen durch seine Stadt begleiten – so bunt wie die Menschen kann auch das Engagement im dritten Lebensalter sein.
Keine Biografie ähnelt der anderen, Umbrüche und Aufbrüche werden verschieden gemeistert. Die Autorin hat mit 25 z. T. prominenten „Helden des Alltags" gesprochen. Sie engagieren sich ehrenamtlich oder ziehen aus ihrer Berufung so viel Stärke, dass sie mit über 80 Jahren noch aktiv und neugierig sind. Es sind Geschichten voller
Engagement und Mut, die zeigen, welche Kraft im Alter steckt. Internetadressen geben nützliche Tipps zum jeweiligen Thema.

Jutta Perino
■ **Ich weiß, was ich noch machen will**
Berichte von gelebten Wunschträumen
128 Seiten, gebunden,
mit Leseband,
Format: 14,8 x 21 cm
ISBN 10: 3-7806-3027-3
ISBN 13: 978-3-7806-3027-8

Aus dem Inhalt:
> Engagiert bis ins hohe Alter
> Erfüllung finden – eigene Ziele verwirklichen
> Der Seele Raum geben
> Umbruch – Aufbruch
> Zukunft gestalten

Partnersuche ist nicht leicht, gerade in fortgeschrittenem Alter. Um erfolgreich zu sein, ist guter Rat aus versierter Hand gefragt. Anhand von Fallbeispielen aus der Praxis stellt die Autorin Möglichkeiten und Wege dar, auf denen man den Partner fürs Leben finden kann. Sie benennt Fallstricke und Risiken der Suche, hilft bei der Erarbeitung eines realistischen Profils des Wunschpartners sowie eines aussagekräftigen Textes über einen selbst. Sie gibt konkrete und erprobte Tipps, damit die Partnersuche gelingt.
Jedes Kapitel schließt mit einer Zusammenfassung. Der Anhang bietet eine Checkliste zur Partnersuche und wertvolle Adressen für die Suche.

Dorothee Döring
■ **Warum allein bleiben**
Erfolgreiche Partnersuche im Alter
160 Seiten, gebunden,
mit Leseband,
Format: 14,8 x 21 cm
ISBN-10: 3-7806-3006-0
ISBN-13: 978-3-7806-3006-3

Aus dem Inhalt:
> Gedanken zur Einsamkeit
> Die Kunst, das späte Glück mit einer Kontaktanzeige zu finden
> Partnersuche über Vermittlungsagenturen – Das Geschäft mit der Einsamkeit
> Das Internet – Kontaktanbahnung im Netz der unbegrenzten Möglichkeiten
> Wenn es gefunkt hat
> Anhang: Checkliste Partnersuche, Adressen, Literatur und Hinweise

www.kaufmann-verlag.de
Kaufmann Verlag Postfach 22 08 · 77912 Lahr
Telefon 0 78 21 / 93 90-0
Telefax 0 78 21 / 93 90-11
info@kaufmann-verlag.de